Deus e Natureza
o infinito na filosofia

Deus e Natureza
o infinito na filosofia

Organização:
Márcia Gonçalves e Christoph Asmuth

KOTTER
EDITORIAL
CAPES

Coordenação editorial: Sálvio Nienkötter
Editor-executivo: Claudecir de Oliveira Rocha
Editores-adjuntos: Daniel Osiecki/João Lucas Dusi
Capa: Jussara Salazar
Design editorial: Fernando Cesar Ribeiro
Produção: Cristiane Nienkötter

Dados Internacionais de Catalogação na Publicação (CIP)
Angélica Ilacqua CRB-8/7057

D495

Deus e natureza : o infinito na filosofia / organizado por Márcia Gonçalves, Christoph Asmuth. – 1 ed. – Curitiba: Kotter editorial 2023.
200 p.

ISBN 978-65-5361-268-6

1. Filosofia I. Título II. Gonçalves, Márcia III. Asmuth, Christoph

23-6404 CDD 100

CAPES

Livro publicado com recursos do Probral Capes-DAAD O Infinito (Das Unendliche), processo número 88881.198834/2018-01"

KOTTER EDITORIAL

Kotter Editorial Ltda.
Rua das Cerejeiras, 194
CEP 82700-510 - Curitiba - PR
www.kotter.com.br | contato@kotter.com.br

Sumário

Apresentação

Quase não existem ligações entre as disciplinas de filosofia, metafísica, teologia e matemática. Uma exceção é o conceito de infinito. Desde a Antiguidade, pensadores, cientistas e religiosos lutam com este conceito. Na Antiguidade, o infinito era visto com olhar cético. Para os gregos clássicos, o infinito parecia incompreensível porque não tinha forma. Para eles, tudo o que podia ser conhecido era caracterizado pela forma. Aristóteles foi quem mais refletiu sobre a forma e a matéria. Para ele, só a limitação pela forma tornava uma coisa cognoscível. A pura matéria não podia ser conhecida de modo algum. Obviamente, os gregos já praticavam a matemática e sabiam que a cada número se pode adicionar um outro número. Mas eles se tranquilizavam quando, através do ato de contar, consideravam o infinito como meramente possível. A cada número natural é possível adicionar um outro número através desse ato de contar. Cada número é seguido de outro. Mas isso não significa realmente contar, mas apenas a possibilidade de contar. Para os pensadores antigos, o ato de contar é um bom exemplo de algo potencialmente infinito. Mas um infinito potencial não é exatamente um infinito efetivamente real. Assim, eu poderia continuar contando sem parar, mas, de fato, eu paro de contar a certa altura. A inquietação que pode ocorrer através da noção de infinito foi assim banida para a mera potencialidade.

Uma dimensão importante foi acrescentada na Antiguidade tardia: o Deus cristão herdou o mundo greco-romano dos deuses e, no lugar dos muitos deuses com as suas intrigas mitológicas, colocou um Deus único, trino, e com um plano de salvação. À dimensão do potencialmente infinito junta-se um infinito efetivamente real, que é Deus. A sua eternidade não tem número. Afirmar que o infinito de Deus é apenas potencial seria equivalente a uma heresia. Os pensadores cristãos da Antiguidade tardia e da

Idade Média tinham agora de justificar como é que o infinito real deveria ser efetivamente. Apesar de toda a inexplicabilidade da existência e do ser divinos, esforçavam-se por demonstrar a racionalidade do conceito de um infinito efetivamente real. É aqui que se dá uma fecunda interdependência entre a teologia, a filosofia e a matemática. Toda uma série de problemas se coloca nesta questão. O problema dos comprimentos incomensuráveis, por exemplo, ou o da quadratura do círculo. Em Nicolau de Cusa, por exemplo, o infinitamente grande desempenha um papel tão importante como o infinitamente pequeno, e ambos não podem ser separados da teologia em Nicolau.

Através do cálculo infinitesimal e, por fim, da teoria dos conjuntos, o infinito real conquistou o seu lugar ancestral na matemática. A filosofia da natureza, a filosofia da ciência, a filosofia da arte e a filosofia da história também refletem sobre o infinito efetivamente real. A questão de como operar com o infinito abre um campo de paradoxos. Estes obrigam-nos a refletir sobre a finitude do horizonte humano do conhecimento. Ao mesmo tempo, a razão finita pode, no entanto, demonstrar que é capaz de pensar o infinito de forma correta, ou seja, de forma racional. Isto resulta num campo de investigação filosoficamente muito excitante, porque, por um lado, é óbvio que só o finito pode ser encontrado em todo o mundo, mas, por outro lado, o infinito continua a ser racionalmente necessário para a explicação e o conhecimento do finito. Ao pensar o infinito, a impotência do discernimento racional é combinada com o poder de transcender as restrições finitas do dado.

A concepção filosófica de infinito pode, em suma, ser caracterizada negativa ou positivamente em relação à noção de finito, considerando, para isso, duas fontes principais: de um lado, o exercício do conhecimento e, de outro lado, a experiência religiosa. No campo do conhecimento, a noção de infinito remete inicialmente à propriedade que certos conteúdos de pensamento possuem de estender-se para além de qualquer limite, forçando certas operações intelectuais a serem indefinidamente reiteradas. Neste campo, a reflexão sobre o infinito se vincula às grandes especulações sobre a natureza de espaço e tempo, a possibilidade do movimento, as quantidades contínuas, as séries numéricas e a ameaça de uma regressão ao infinito na busca de uma causa primeira. Se na Grécia clássica a noção de infinito possui uma acepção predominantemente negativa, remetendo — como vimos — ao que Aristóteles designa como infinito em potência, o encontro da filosofia grega com a tradição judaico-cristã acarreta a progressiva valorização de uma concepção predominantemente positiva, na qual a reflexão sobre a onipotência do Deus criador introduzirá a noção de infinito em ato e sua identificação com a noção de perfeição. A noção de infinito oriunda da fonte religiosa suscita problemas originais de cunho metafísico e teológico, e produz um impacto profundo nas investigações desenvolvidas também acerca do conhecimento humano sobre a natureza, nos campos da epistemologia, da física, da cosmologia e da matemática. Com isso, as tensões e entrecruzamentos entre os vários sentidos do infinito geram problemas em diversas áreas do pensamento e atravessam toda a história da filosofia.

***

A presente coletânea oferece ao público leigo e acadêmico os resultados teóricos de um projeto *PROBRAL*[1] de pesquisa intitulado "O Infinito", apresentados em dois *Simpósios* realizados, respectivamente, em julho e outubro de 2022, na *Augustana-Hochschule Neuendettelsau* e na *Universidade do Estado do Rio de Janeiro*, cujos temas específicos foram "Da infinitude de Deus à autorrelação infinita do ser humano" e "O problema da infinitude na Filosofia da Natureza". O tema central desta coletânea é a relação do conceito de infinito com os conceitos de Deus e de natureza em diferentes filósofos ao longo da história. Em sua maioria, os textos aqui reunidos foram originalmente redigidos em alemão para as conferências e traduzidos pelos autores brasileiros do projeto especialmente para este livro. Como se poderá constatar na descrição resumida dos percursos acadêmicos de cada autor nas páginas finais deste livro, trata-se de estudiosos do pensamento de filósofos clássicos alemães do século XVIII e XIX, como Fichte, Schelling e

1. O Programa PROBRAL de intercâmbio acadêmico entre Brasil e Alemanha é financiado pela CAPES e pelo DAAD.

Hegel, e de filósofos do século XVII, como Descartes, Espinosa e Leibniz. Nos trabalhos aqui apresentados o leitor poderá reconhecer não apenas interpretações sobre a relevância e originalidade do pensamento de cada um destes filósofos para a compreensão do problema da infinitude, mas também sobre suas influências recíprocas, em especial, no desenvolvimento de suas reflexões filosóficas acerca de Deus e da natureza.

O objetivo principal do artigo de Marcos Gleizer sobre a influência e a diferença entre as concepções de infinito em Descartes e Espinosa é esclarecer o conceito de "potência divina", remetendo à ideia de *causa sui* como princípio de sua inteligibilidade. Edgar Marques analisa a questão da infinitude de Deus e da infinitude do mundo sob a perspectiva da metafísica de Leibniz, esclarecendo ainda suas dimensões matemática e lógico-linguística. O artigo de Yady Oren retorna à filosofia de Espinosa, para mostrar sua influência sobre a filosofia de Fichte, mais especificamente em relação ao problema da passagem do infinito para o finito. A filosofia de Fichte e a questão do infinito também é tema do trabalho de Christoph Asmuth, mas agora mostrando sua influência sobre o pensamento do filósofo teuto-dinamarquês Johann Erich von Berger, com o objetivo de evidenciar sua adesão à Filosofia da Natureza de Schelling e à sua linguagem poética. A linguagem poética está presente também no artigo de Christoph Binkelmann, que trata do conceito de gravidade na filosofia de Schelling, atualizando a ideia de que a natureza não é apenas objeto, mas também sujeito, capaz não apenas de consumar, mas também de celebrar sua própria infinitude. A filosofia de Schelling também é tema do artigo de Márcia Gonçalves, cujo objetivo é mostrar o desenvolvimento de seu conceito de infinito ao longo de três etapas de sua produção filosófica: na filosofia transcendental, influenciada por Fichte, na filosofia da natureza, influenciada por Spinoza, e na filosofia da identidade, que sintetiza os sistemas anteriores. No artigo de Anne Becker, o problema do infinito é tratado no contexto da filosofia de Hegel, com objetivo de mostrar o significado filosófico que ele atribui à representação religiosa do mito da queda do paraíso, enquanto unidade originária com Deus e com a natureza. A filosofia de Hegel é tema também do trabalho de Fábio Nolasco, mas agora focado no conceito matemático de infinito, partindo das reflexões platônicas sobre os "números irracionais" até às reflexões hegelianas sobre o cálculo infinitesimal. Andreas Arndt também interpreta a concepção hegeliana de infinito ou de absoluto, confrontando-a, porém, com a crítica de Feuerbach, com objetivo de mostrar que o conceito de Deus é uma espécie de "código" para a ideia filosófica de "autorreferência do ser humano" e, consequentemente, de sua liberdade.

Como coordenadores do projeto e organizadores dos simpósios e desta obra coletiva, gostaríamos de agradecer à CAPES e ao DAAD pelo apoio financeiro que possibilitou nossa pesquisa, nossos encontros e a presente publicação. Agradecemos também à participação de todos os pesquisadores que integraram nosso projeto e, em especial, aos autores que contribuíram para esta coletânea com seus artigos e traduções.

Christoph Asmuth
Márcia Gonçalves
Berlim / Rio de Janeiro, outubro de 2023.

Observações sobre *Causa sui*, Infinitude e Potência em Espinosa e Descartes

Marcos André Gleizer
(UERJ/CNPq)

Introdução

Em sua *História do Infinito no Pensamento Ocidental até Kant*, Jonas Cohn atribui a Espinosa um lugar central em um dos processos mais importantes da história da filosofia, a saber, aquele que, partindo da tese defendida pelos filósofos místicos do helenismo tardio, segundo a qual o infinito do ser supremo é o que o subtrai ao nosso alcance, conduz lentamente à racionalização do infinito e atinge o seu apogeu na era moderna na defesa por Espinosa da tese oposta, segundo a qual "Deus, na medida em que é o ser infinito, é totalmente racional".[1]

Com efeito, o racionalismo absoluto de Espinosa não apenas sustenta que temos uma ideia adequada de Deus, entendido como "um ente absolutamente infinito, isto é, uma substância que consiste de infinitos atributos, cada um dos quais expressa uma essência eterna e infinita" (EI def.6), mas também que esta ideia é o fundamento do nosso conhecimento da totalidade da realidade,

1. J. Cohn (1994), p.176.

uma vez que para Espinosa "a verdadeira ciência procede da causa aos efeitos" (TIE §85) e "o conhecimento do efeito depende do conhecimento da causa e o envolve" (EI ax.4). Assim, uma vez que Deus é a causa primeira de todas as coisas, nada pode ser nem ser concebido sem ele (EI P15). Por isso, Espinosa sustenta que, segundo a correta ordem do filosofar, o ser absolutamente infinito deve ser contemplado acima de tudo, tendo sobre os seres finitos não apenas uma prioridade ontológica, mas também conceitual e epistemológica.[2]

Esta tripla prioridade do ser absolutamente infinito sobre os seres finitos é uma surpreendente inversão tanto das concepções escolásticas como da concepção cartesiana da ordem adequada do filosofar. Para a tradição tomista, os objetos finitos e temporais dos sentidos têm prioridade tanto na ordem epistemológica quanto na ordem conceitual. O ser infinito só pode ser conhecido *a posteriori*, e a própria noção de infinito é formada logicamente a partir da negação da noção de finito, de modo que "devemos considerar que uma coisa é dita infinita porque não é finita".[3] Assim, o infinito é conhecido apenas negativamente como o que não é finito. Descartes, como sabemos, rompe com esta tradição. Para ele, nossa ideia inata de Deus nos representa clara e distintamente sua essência como a do ser infinito em ato que contém toda perfeição e realidade. Esta ideia, que nos permite inteligir positivamente o ser infinito sem, no entanto, nos autorizar a compreendê-lo, enfim, que nos permite tocá-lo sem abraçá-lo pelo nosso pensamento[4], precede logicamente

2. Cf. EII P10 esc., Espinosa (2015), p. 93, GII 93-94 (« G » remete sempre a *Spinoza Opera*, éd. Carl Gebhardt, 5 vol., Heidelberg, Carl Winters, 1924).

3. Cf. Thomas d' Aquin, (1990), I, qu.7. art.1.

4. Segundo Descartes, podemos conhecer ou entender alguma coisa sem apreendê-la completamente. A respeito do ser infinito, Descartes afirma frequentemente que podemos tocá-lo intelectualmente sem poder abraçá-lo ou compreendê-lo, ou seja, sem poder esgotá-lo através do nosso pensamento. *Cf. Terceira Meditação*: "E isto não deixa de ser verdadeiro, ainda que eu não compreenda o infinito, ou mesmo que se encontre em Deus uma infinidade de coisas que não possa compreender, nem talvez atingir de modo algum pelo pensamento: pois é da natureza do infinito que minha natureza, que é finita e limitada, não possa compreendê-lo; e basta que eu conceba bem isso, e que julgue que todas as coisas que concebo claramente, e nas quais sei que há alguma perfeição, e talvez também uma infinidade de outras que ignoro, estão em Deus formal ou eminentemente, para que a ideia que dele tenho seja a mais verdadeira, a mais clara e a mais distinta de todas as que se acham em meu espírito". Descartes (1994), p.151, AT IX 37, AT VII 46.

a nossa ideia de nós mesmos como seres finitos.[5] Para Descartes, é o conceito do finito que contém uma negação ou limitação do infinito, de modo que a noção do finito é logicamente derivada por negação da noção do infinito.[6] No entanto, de acordo com o método analítico escolhido por Descartes como o verdadeiro método de investigação, o conhecimento da existência do sujeito pensante precede o conhecimento do ser infinito e é, portanto, anterior na ordem epistemológica que leva à descoberta da verdade.

A plena inteligibilidade do ser absolutamente infinito proposta por Espinosa, com a sua tripla prioridade sobre os seres finitos, baseia-se na sua aceitação da validade incondicional do princípio de razão suficiente, que ele formulou, antes de Leibniz o batizar, na seguinte passagem da segunda demonstração da existência de Deus contida na EI P11:

> Para cada coisa, deve-se indicar a causa ou razão (*causa sive ratio*) pela qual ela existe ou não existe. [...] Ora, essa razão ou causa (*ratio, seu causa*) deve estar contida na natureza da coisa ou, então, fora dela. Por exemplo, a própria natureza do círculo indica a razão pela qual não existe um círculo quadrado, pois, evidentemente, admiti-lo envolve uma contradição. Por sua vez, o que faz com que uma substância exista também se segue exclusivamente

---

5. Cf. *Terceira Meditação*: "E não devo imaginar que não concebo o infinito por uma verdadeiro ideia, mas somente pela negação do que é finito, do mesmo modo que compreendo o repouso e as trevas pela negação do movimento e da luz: pois, ao contrário, vejo manifestamente que há mais realidade na substância infinita do que na substância finita e, portanto, que, de alguma maneira, tenho em mim a noção do infinito anteriormente à do finito, isto é, de Deus antes que de mim mesmo. Pois, como seria possível que eu pudesse conhecer que duvido e que desejo, isto é, que me falta algo e que não sou inteiramente perfeito, se não tivesse em mim nenhuma ideia de um ser mais perfeito que o meu, em comparação com a qual eu conheceria as carências de minha natureza?". Descartes (1994), p.150, AT IX 36, AT VII 45-46.

6. Cf. *Carta a Hiperaspistes*, agosto de 1641: "É bem verdade dizer que não entendemos o infinito pela negação da limitação; e do fato de que a limitação contém em si a negação do infinito, infere-se erroneamente que a negação da limitação contém o conhecimento do infinito; pois aquilo pelo qual o infinito difere do finito é real e positivo, e, pelo contrário, a limitação pela qual o finito difere do infinito é um não-ser ou negação do ser; ora, o que não é não pode nos levar ao conhecimento do que é; mas, ao contrário, é a partir do conhecimento de uma coisa que podemos perceber a sua negação". AT III 427 (tradução nossa).

> de sua própria natureza, porque esta última envolve, é óbvio, a existência (ver Prop. 7). [...]. Tudo isso é evidente por si mesmo. Disso se segue que uma coisa existe necessariamente se não houver nenhuma razão ou causa (*nulla ratio, nec causa darit possit*) que a impeça de existir.[7]

A validade universal do princípio de razão suficiente permitirá a Espinosa demonstrar não apenas que o ser absolutamente infinito existe necessariamente em virtude de sua própria natureza, sendo, assim, a causa de si mesmo, mas também que ele age a partir da mesma necessidade de natureza pela qual ele existe, sendo, assim, a causa necessária de tudo o que é concebível, a saber, "a infinidade de coisas que decorrem da sua natureza em uma infinidade de modos" (EI P16), de maneira que é preciso dizer que "no mesmo sentido em que se diz que Deus é causa de si mesmo, também se deve dizer que é a causa de todas as coisas" (EI P25 esc.).

Vemos, então, que a plena racionalização do ser infinito proposta por Espinosa decorre da universalização da exigência de causa ou razão, uma universalização que conduz à espantosa concepção de Deus como *causa sui*. É a primazia concedida à noção de causa na ontologia de Espinosa, e a função exercida pela noção de *causa sui* como fonte de todo ser e de toda inteligibilidade no seu sistema, que explica também o dinamismo que caracteriza a sua ontologia como uma ontologia da potência, segundo a qual ser significa agir, produzir efeitos. Assim, "a potência de Deus é a sua própria essência" (EI P34), em virtude da qual o ser supremo é a causa de si mesmo e de todas as coisas, e como tudo expressa de maneira certa e determinada a essência de Deus, segue-se que "não existe nada de cuja natureza não se siga algum efeito" (EI P36).

A primazia conferida à noção de causa é claramente indicada pelo fato de Espinosa abrir a sua *Ética* com a definição de *causa sui*: "por causa de si entendo aquilo cuja essência envolve a existência, ou seja, aquilo cuja natureza não pode ser concebida senão como existente" (EI def.1). Ora, a abertura da *Ética* com a definição dessa noção é claramente um gesto

---

7. Cf. GII 52-53.

provocativo em relação à tradição escolástica, para a qual essa noção, tomada em um certo sentido, é contraditória. Como observa Tomás de Aquino na sua Questão 2 sobre a existência de Deus: "A segunda via [para provar a existência de Deus] parte da noção de causa eficiente. Nós constatamos, ao observarmos as coisas sensíveis, que existe uma ordem entre as causas eficientes; mas o que não se encontra e o que não é possível é que uma coisa seja a causa eficiente de si mesma, o que a suporia anterior a si mesma, o que é impossível".[8] Com efeito, a ideia de auto causalidade é ininteligível para aqueles que formam os seus conceitos a partir da consideração dos objetos finitos da experiência sensível, onde as causas eficientes são normalmente consideradas como precedendo temporalmente os seus efeitos e como sendo realmente distintas umas das outras. Como, então, pode uma noção aparentemente ininteligível ser tomada por Espinosa como a própria fonte de toda inteligibilidade?

Espinosa, é claro, não aceita a autoridade de Tomás de Aquino e, como indiquei anteriormente, não pensa que a ordem correta do filosofar deva começar com a consideração dos objetos finitos e temporais dos sentidos. Assim, já no seu *Breve Tratado*, ele escreve: "Deus, ao contrário, por ser a primeira causa de todas as coisas e causa também de si mesmo, dá-se a conhecer por si mesmo a si mesmo. Por conseguinte, não tem grande valor o que diz Tomás de Aquino: a saber, que Deus não poderia ser demonstrado *a priori* porque certamente não tem causa alguma".[9] Mas que concepção de causalidade (formal? eficiente? uma articulação original entre estas duas concepções?) pode dar sentido a uma noção positiva de auto causalidade e iluminar o desafio espinosista? E como exatamente, segundo Espinosa, a noção de *causa sui* está ligada às noções de infinito e de potência em Deus?

Neste artigo, gostaria de explorar alguns aspectos dessas questões. Mas, para isso, é preciso começar com Descartes, pois a abertura provocativa da *Ética* por parte de Espinosa com a definição de *causa sui* é uma radicalização de uma ruptura anterior por parte de Descartes com a tradição tomista.

---

8. Cf. Thomas d' Aquin, (1990), Ia, q. 2, a. 3 (tradução nossa).
9. Cf. *Breve Tratado*, I, § 10, (G1 18), Espinosa (2012), p.59.

Espinosa e Descartes

A relação entre as filosofias de Espinosa e Descartes é extremamente complexa e não pode ser reduzida a uma simples relação de continuidade ou de ruptura, como se Espinosa fosse simplesmente um cartesiano ou um anticartesiano. Trata-se de uma relação na qual proximidade e distância se articulam de forma complexa, complexidade esta que remete antes de tudo à complexidade da obra de Descartes, uma obra rica de tensões sobre as quais Espinosa refletiu profundamente tanto como "historiador da filosofia cartesiana" quanto como filósofo original.[10]

É bem conhecida, com efeito, a importância central que a reflexão sobre o pensamento de Descartes exerceu na elaboração da filosofia de Espinosa. Para indicar esta importância, basta lembrar aqui que a única obra de Espinosa publicada com o seu nome em vida foi dedicada à apresentação geométrica dos *Princípios da Filosofia de Descartes*. Esta reflexão, no entanto, jamais implicou por parte de Espinosa uma adesão à filosofia cartesiana, mas foi marcada desde o início por uma perspectiva crítica, assim formulada no prefácio da obra, redigido por Louis Meyer[11]:

> E tampouco cumpre passar por cima do fato de que deve ser entendido no mesmo sentido, isto é, dito apenas conforme o pensamento de Descartes, o que se encontra em alguns lugares: isso ou aquilo supera a compreensão humana. Nem deve ser recebido como se o proferisse o nosso autor a partir de sua própria posição. Ele julga que todas essas coisas, e ainda várias outras mais sublimes e sutis, podem ser não apenas clara e distintamente concebidas

---

10. Para uma análise pormenorizada de alguns outros aspectos da complexa relação entre Espinosa e Descartes remeto o leitor a Gleizer (2019a) e Gleizer (2019b). Este último artigo, aliás, fornece o ponto de partida para a análise aqui proposta acerca das relações entre *causa sui*, infinitude e potência nestes dois filósofos. Por esta razão, o presente artigo retoma e aprofunda algumas das ideias já esboçadas no artigo anterior, do qual ele é um desdobramento.

11. Este Prefácio foi escrito por Louis Meyer, mas foi corrigido e aprovado por Espinosa. *Cf.* carta 15 de 3 de agosto de 1663.

> por nós como também muito comodamente explicadas; contanto que o intelecto humano, na investigação da verdade e no conhecimento das coisas, conduza-se por uma via outra que a aberta e palmilhada por Descartes.[12]

Esta passagem sublinha fortemente a rejeição por parte de Espinosa de qualquer limitação "de direito" ao alcance do nosso conhecimento claro e distinto, e a sua adesão ao princípio da inteligibilidade integral do real. É a aceitação deste princípio e, portanto, a recusa em conceder qualquer lugar à incompreensibilidade no campo da filosofia, que sustenta a perspectiva crítica de Espinosa e está na origem de suas divergências com Descartes. É, portanto, a adesão radical de Espinosa à própria exigência cartesiana de clareza e distinção, com a sua consequente transformação numa exigência intransigente de inteligibilidade adequada, que introduz entre eles um hiato e marca a distância de princípio mediante a qual Espinosa reelabora o pensamento de Descartes, separando as teses cartesianas que podem ser ativamente apropriadas, transformadas e integradas na construção de um sistema filosófico rigoroso daquelas que devem ser rejeitadas e combatidas como obstáculos à concretização deste empreendimento.

Ora, entre as noções cartesianas apropriadas, transformadas e integradas pelo racionalismo absoluto de Espinosa, encontramos a noção positiva de *causa sui*. Esta noção pode ser tomada como a última palavra da metafísica de Descartes, — já que ela não aparece explicitamente nem no *Discurso do Método* nem nas *Meditações Metafísicas*, mas surge do debate desencadeado por Caterus nas *Primeiras Objeções* -, e como a primeira palavra da filosofia de Espinosa, já que ele abre sua *Ética* com sua definição. Esta noção proporciona, assim, uma transição entre Descartes e Espinosa, uma transição marcada pela exigência de inteligibilidade integral e univocidade pela qual Espinosa recebe a herança cartesiana e dela se distancia.

12. Cf. *Princípios da Filosofia Cartesiana*, Prefácio (GI/132-133), Espinosa (2015, p. 41), grifo nosso.

Causa sui em Descartes

Comecemos, então, com Descartes. Descartes é levado a explicitar a noção positiva de *causa sui* a partir das objeções feitas por Caterus à segunda prova *a posteriori* da existência de Deus formulada na *Terceira Meditação*. Esta prova, como se sabe, parte da existência indubitável do eu pensante que possui a ideia de Deus, representado como o ser infinito e perfeito, e chega, graças à aplicação do princípio de causalidade eficiente, à existência de Deus, como a única causa possível da existência presente deste sujeito pensante finito. A demonstração procura estabelecer que é impossível que eu seja por mim mesmo (*a se*), isto é, que eu possa dar a mim mesmo a minha existência presente, pois, neste caso, eu teria me dado também todas as perfeições de que sou consciente na ideia de Deus e, assim, eu seria o ser supremamente perfeito. Portanto, a demonstração conclui que devo ser causado e sustentado em meu ser por um outro ser (*ab alio*), que possui em ato todas as perfeições contidas nessa ideia, e que deriva sua existência de si mesmo (*a se*), ou seja, que é Deus.

Ao analisar as diversas etapas desta prova, Caterus detecta que, ao contrário do uso tradicional da expressão "ser por si" (*a se*), que é tomada negativamente como significando "não ser por um outro" (de modo que dizer de Deus que ele é *a se* significa que ele não tem causa), o uso cartesiano desta expressão é tomado positivamente e significa que Deus é "por si mesmo como por uma causa". Caterus então retoma as objeções tomistas à noção de auto causação positiva, lembrando que uma causa eficiente de si deveria ser temporalmente anterior a si e diferente de si, o que é manifestamente contraditório.

Nas suas respostas a Caterus, Descartes introduz pela primeira vez a expressão *causa sui* e procura esclarecer que a causalidade envolvida na autocausalidade de Deus não é, em sentido estrito, uma causalidade eficiente. Deus faz apenas "de uma certa maneira" (*quodammodo*) em relação a si próprio o que a causa eficiente faz em relação ao seu efeito. Toda a discussão subsequente com Caterus, mas também com Arnauld nas *Quartas Objeções e Respostas*, procura elaborar e especificar como a expressão *quodammodo* nos permite escapar às objeções tomistas ao estabelecer uma analogia entre a causa eficiente e a causa formal na busca de uma posição intermediária entre a causa eficiente tomada em sentido estrito e a simples ausência de causa, pois a aceitação imediata desta ausência equivaleria a uma limitação arbitrária do direito de nossa razão a perguntar pela causa ou razão da existência de qualquer coisa.

Assim, Descartes escreve nas *Primeiras Respostas*:

> Enfim, eu não disse que é impossível que uma coisa seja a causa eficiente de si mesma; pois, embora isto seja manifestamente verdade, quando restringimos o significado de eficiente àquelas causas que são diferentes dos seus efeitos, ou que os precedem no tempo, parece, no entanto, que nesta questão ela não deveria ser assim restringida, tanto porque isto seria uma questão frívola: pois quem não sabe que uma mesma coisa não pode ser diferente de si mesma nem preceder-se no tempo? como também porque a luz natural não nos dita que seja próprio da causa eficiente preceder no tempo o seu efeito: pois, pelo contrário, a rigor ela não tem o nome nem a natureza de causa eficiente senão quando produz o seu efeito e, portanto, não o precede. Mas certamente a luz natural nos dita que não há coisa da qual não nos seja permitido perguntar por que existe, ou da qual não possamos procurar a causa eficiente, ou então, se não a tiver, perguntar por que não precisa dela.[13]

Nesta passagem, Descartes aborda sobretudo a objeção tomista relativa à prioridade temporal entre a causa eficiente e seu efeito, afirmando que esta prioridade não está contida no próprio conceito de causa eficiente, e que, rigorosamente falando, uma coisa não pode ser considerada como causa senão durante o tempo em que produz o seu efeito e, portanto, enquanto lhe é simultâneo.[14] Ao recusar a existência de um vínculo conceitual entre causalidade eficiente e prioridade temporal, Descartes abre a possibilidade

---

13. Cf. AT IX 86, AT VII 108, tradução nossa.

14. A mesma observação é feita a Arnauld nas Quartas Respostas: "Pois, que não é necessário que ela preceda o seu efeito no tempo, é óbvio, pois só tem o nome e a natureza de causa eficiente quando produz o seu efeito, como já foi dito", AT IX 186, tradução nossa.

de pensar que, pelo menos de uma certa maneira, não é absurdo perguntar pela causa eficiente de um ser eterno e infinito. Ele também enfatiza que a busca universal por uma causa eficiente é uma busca legítima enraizada na natureza de nossa razão, uma busca que só pode evitar uma regressão ao infinito se conduzir a uma causa primeira que traga em si uma razão positiva que explique por que, enfim, ela não precisa de uma causa eficiente.[15]

E continua então:

> De sorte que, se eu pensasse que nenhuma coisa pode ser de alguma maneira, em relação a si mesma, o que a causa eficiente é em relação ao seu efeito, longe disso que daí eu quisesse concluir que existe uma causa primeira; pois, ao contrário, daquela mesma que chamariam de primeira eu procuraria novamente a causa e, portanto, nunca chegaria à primeira. Mas com certeza eu admito francamente que pode haver alguma coisa em que exista uma potência tão grande e tão inesgotável que ela jamais tenha tido necessidade de qualquer ajuda para existir, e que tampouco tem necessidade dela ainda agora para ser conservada, e que seja de alguma maneira a causa de si mesma; e eu concebo que Deus é assim.[16]

Nesta passagem, Descartes afirma que deve haver algo de positivo em Deus que bloqueie o regresso ao infinito na busca das causas eficientes e permita que, em certo sentido, Deus possa ser considerado a causa de si mesmo. Este "algo positivo" é a imensa e inesgotável potência de Deus, o que explica porque Deus não precisa de nenhuma ajuda, ou causa exterior, para a sua existência e conservação. A mesma referência à onipotência de Deus é novamente sublinhada nas *Quartas Respostas* como a razão positiva pela qual Deus não tem propriamente uma causa eficiente: "[visto] que esta potência inesgotável, ou esta imensidão de essência, é *muito positiva*, por

15. Cf. *Segundas respostas*: "Não há coisa existente da qual não se possa perguntar qual a causa pela qual ela existe. Pois isso pode se perguntar até mesmo de Deus; não que tenha necessidade de alguma causa para existir, mas porque a própria imensidade de sua natureza é a causa ou a razão pela qual não precisa de qualquer causa para existir", AT IX 127.

16. Cf. AT IX 86, AT VII 108-9. Tradução nossa.

isso eu disse que a razão ou a causa (*causa sive ratio*) pela qual Deus não precisa de causa é positiva.[17]

Na sequência das *Quartas Respostas*, Descartes tornará mais claro e explícito o seu uso da fórmula *causa sive ratio* para explicar por que e como Deus deve ser considerado como uma causa positiva de si. O sentido em que Deus deve ser tomado como *causa sui* deve ser identificado com a causa formal, mas a causa formal deve ser pensada por analogia com a causa eficiente:

> Pois todos aqueles que seguem apenas a conduta da luz natural, formam imediatamente neles neste encontro um certo conceito que participa da causa eficiente e da formal, e que é comum a ambas, a saber: que o que é *por outro*, é por ele como por uma causa eficiente; e que o que é *por si*, é como por uma causa formal, isto é, porque tem uma natureza tal que não precisa de uma causa eficiente.[18]

Porém, visto que no caso de Deus não há distinção entre essência e existência, a causa formal de Deus "tem uma relação muito grande com a causa eficiente e, portanto, pode ser chamada de causa quase-eficiente".[19] E Descartes conclui suas respostas a Arnauld defendendo a legitimidade do uso desta analogia ao tomar como modelo de pensamento os procedimentos matemáticos de Arquimedes nos quais o uso da passagem ao limite desempenha um papel central:

> E, no entanto, todas essas formas de falar, que têm relação e analogia com a causa eficiente são muito necessárias para conduzir a luz natural de tal forma que concebamos claramente essas coisas; assim como há várias coisas que foram demonstradas por Arquimedes a respeito da esfera e de outras figuras compostas por linhas curvas, pela comparação dessas mesmas figuras com aquelas compostas por linhas retas; o que ele teria dificuldade

17. Cf. AT IX 182-183. Tradução nossa.
18. Cf. AT IX 184. Tradução nossa.
19. Cf. AT IX 188. Tradução nossa.

> em fazer compreender se tivesse usado disso de forma diferente. E como estes tipos de demonstrações não são desaprovadas, embora a esfera seja considerada aí como uma figura com vários lados, da mesma forma não creio que eu possa ser desaprovado por ter me servido da analogia da causa eficiente para explicar as coisas que pertencem à causa formal, isto é, à própria essência de Deus.[20]

Vemos assim que a concepção positiva da *causa sui* em Descartes se baseia numa analogia entre a causa formal e a causa eficiente, na qual a causa de si é concebida como uma espécie de caso limite de uma causa eficiente infinita que ele designa pela noção de "causa quase-eficiente", uma causa eficiente infinita que repousa na "potência inesgotável ou na imensidão da essência" de Deus.

O esforço de Descartes para explicar esta noção por uma analogia entre a causa formal e a causa eficiente conduz a refletir sobre a unidade das duas vias demonstrativas utilizadas para provar a existência de Deus, aquela *a posteriori*, que se baseia na aplicação do princípio de causalidade eficiente e remete em última análise à potência infinita de Deus, e aquela *a priori*, que se baseia na aplicação do princípio de não-contradição e remete à relação de princípio e consequência que liga intrinsecamente a essência de Deus à sua existência.[21] A meditação de Descartes sobre a noção de *causa sui* leva assim à reflexão sobre a relação entre causa (potência) e razão (essência) em Deus e à determinação do significado preciso que deve ser dado à fórmula *causa sive ratio* que ele aplica apenas a este caso excepcional. Essa meditação leva Descartes a pensar na causa formal, pela qual Deus é a causa de si, por analogia com a causa eficiente e a insistir na plena positividade que a *causa sui* adquire graças ao aspecto dinâmico que o conceito de causa formal partilha com o de causa eficiente.

---

20. Cf. AT IX 186. Tradução nossa.

21. Para uma análise muito rica e detalhada de como o uso da noção positiva de *causa sui* por Descartes lhe permite transformar a segunda prova *a posteriori* da existência de Deus em uma versão da prova *a priori*, e de como Descartes transgride completamente a tradição tomista, *cf.* Scribano (2002), capítulo III.

No entanto, uma analogia entre a causa formal e a causa eficiente, como observou Jean-Marie Beyssade num admirável artigo, permite em princípio duas leituras:

> Podemos pensar a causa formal (aqui Deus, *causa sui*) como forma limite da causalidade eficiente, forma limite obtida por uma passagem semelhante àquela que pratica um matemático como Arquimedes, quando ele estende ao círculo a demonstração do polígono, considerando o círculo como um polígono que possui uma infinidade de lados. É o que Descartes começou a fazer, ao privilegiar a causa eficiente, e ao dizer que Deus é a causa quase-eficiente de si mesmo, que a sua essência faz de alguma maneira em relação à sua existência a mesma coisa que a causa eficiente faz em relação ao seu efeito. Mas nós poderíamos também fazer a leitura em outro sentido e considerar que é a *causa sui* que deve servir de referência, para reduzir toda causalidade eficiente (aquela de Deus sobre o mundo, a causalidade externa de uma coisa do mundo sobre uma outra) à causalidade imanente de Deus sobre si. Esse será o esforço de Espinosa, que retomará o conceito cartesiano a ponto de querer substituir por univocidade o que, em Descartes, permanece uma analogia.[22]

Como, então, devemos compreender exatamente a maneira como Espinosa se apropria da noção cartesiana de *causa sui* e como ele a relaciona com as noções de infinito e de potência?

---

22. Cf. Beyssade (2009), p.18. *Cf.* também p.19-20: "Um conceito comum, o do dinamismo, unifica as duas ramificações (causal-racional e racional-causal) da equivalência *causa sive ratio*. Torna-se legítimo estender por analogia o conceito de eficiência àquilo que possui dinâmica causal na causa formal. Como, aliás, no sentido contrário, é possível estender a causalidade formal da essência à racionalidade da eficiência causal, o que fará, sem recurso à analogia, a opção pela univocidade feita por Espinosa, que pensará, na sua radicalidade, o pensamento cartesiano da *causa sui*".

Causa sui em Espinosa

Sabemos que Espinosa refletiu profundamente sobre o papel central desempenhado pela noção de *causa sui* na discussão da segunda prova *a posteriori* da existência de Deus, sobre a forma como essa noção permite relacionar esta prova com a prova *a priori* e, com base nas dificuldades que ele encontra no tratamento destas questões por parte de Descartes, na forma adequada de formular a relação entre essência, potência e existência necessária em Deus. Com efeito, no que diz respeito às dificuldades que Espinosa encontrou nesta segunda prova *a posteriori*, temos um valioso testemunho na longa discussão e reconstrução argumentativa a que Espinosa submete esta prova na proposição 7 dos seus *Princípios da Filosofia de Descartes*. Sua insatisfação com certos axiomas utilizados por Descartes é explicitamente afirmada e a prova é reformulada em profundidade.[23] Na sua reconstrução, Espinosa tenta estabelecer de forma mais adequada como exatamente a força pela qual Deus cria e conserva todas as coisas é aquela pela qual ele cria e conserva a si mesmo e como essa potência de se conservar deve ser identificada com o conceito de *causa sui* entendido como "aquilo cuja natureza é a causa suficiente de sua existência necessária, isto é, aquilo cuja essência implica a existência necessária".[24] Esta identificação estrita entre as formulações em termos de causalidade (eficiente) e essência (formal) da existência necessária de Deus estará presente na maneira como Espinosa formulará posteriormente em seu próprio sistema os vínculos intrínsecos

---

23. Os dois axiomas problemáticos que Espinosa discute extensamente na sua reconstrução são: (1) O que pode fazer o que é maior, ou seja, mais difícil, também pode fazer o que é menor; (2) É maior criar ou conservar uma substância do que os atributos, ou seja, as propriedades da substância.

24. Cf. *Princípios da filosofia de Descartes*, P.7, lema 2 (GI 165), Espinosa (2015), p.99): "Quem tem força para conservar-se também tem força para criar-se (por ax.10), isto é, (como todos facilmente concedem), não precisa de nenhuma causa externa para existir, mas a sua só natureza será causa suficiente para que exista ou possivelmente (ver ax. 10) ou necessariamente. Ora, não possivelmente; pois então (pelo que demonstrei acerca do ax. 10) do fato de que existisse agora não se seguiria que depois existiria (o que vai contra a hipótese). Logo, existe necessariamente, isto é, sua natureza envolve a existência necessária". Sublinhado por nós.

entre a essência, a existência necessária e a potência em sua concepção de Deus como *causa sui*. O problema, contudo, é precisar como exatamente devemos compreender o significado desta identificação.

Alguns intérpretes argumentam que Espinosa simplesmente inverte o sentido da analogia de Descartes e acaba reduzindo a causa eficiente à causa formal. Assim, Vincent Carraud sustenta que Espinosa se reconecta com a concepção escolástica da asseidade negativa ao fazer da noção de *causa sui* uma simples autossuficiência lógica cujo significado seria desprovido de qualquer conotação de eficiência.[25]

Com efeito, ele escreve:

> A problemática de Espinosa é, portanto, na realidade, oposta à de Descartes. Em Espinosa, de quem poderíamos falar, ao menos provisoriamente, de uma extenuação inicial da causalidade, é a causa que se pensa a partir da racionalidade, entendida como formalidade — a eficiência é apenas o duplo externo da formalidade. É por isso que Espinosa não precisa propor uma causalidade mista entre a eficiente e a formal — cuja impossibilidade Suarez havia denunciado antecipadamente — uma vez que o seu próprio conceito de causa não se enquadra na eficiência.[26]

De fato, a leitura isolada da definição de *causa sui* que abre a *Ética* e de algumas outras proposições da obra poderia dar esta falsa impressão. Esta

---

25. Cf. Carraud (2002), capítulo III, especialmente p.320, nota 1: "Concordamos, portanto, mais uma vez com Piero di Vona, quando afirma que a *causa sui* não diz outra coisa senão a implicação da existência pela essência e conclui "che per noi la *causa sui* in Spinoza è da intendere nel sensu negativo". *Cf.* também páginas 324, 326, 327 (nota 3), 328 e 329.

26. *Ibid.*, p.324. Duas observações relativas a esta citação são importantes: (1) Carraud apresenta aqui como provisória a sua leitura de um esgotamento da causalidade em Espinosa, mas tentará estabelecer em seguida que se trata de fato de uma completa aniquilação causal da *causa sui*, em suma, de uma "des-causalização da *causa sui*" (cf. p.329); (2) Carraud parece tomar a posição de Suarez relativamente à impossibilidade de uma causalidade mista entre eficiência e formalidade como uma posição incontestável. Contudo, não há razão para pensar que Espinosa aceitaria a autoridade de Suarez (como vimos, ele questiona abertamente a de Tomás de Aquino) e nenhuma razão para pensar que ele não tente defender a possibilidade desta causalidade mista. Na verdade, como veremos mais adiante, isso parece ser exatamente o que Espinosa se propõe a pensar com os seus conceitos de *causa sui* e de *causa immanens*.

definição é formulada exclusivamente com expressões que nos convidam a pensar nas relações lógicas de implicação e conceituação, sem usar nenhuma palavra que remeta ao vocabulário da "eficiência": "Por causa de si entendo aquilo cuja essência envolve a existência, ou seja, aquilo cuja natureza não pode ser concebida senão como existente" (EI def.1). Contudo, devemos ter em mente que as definições que abrem a *Ética* só manifestam seu sentido pleno quando acompanhamos suas articulações com outras definições e com os axiomas através do movimento demonstrativo que engendra as teses do sistema. Ao acompanharmos passo a passo esse movimento, constatamos que a leitura "des-causalizante" da *causa sui* proposta por Carraud não é confirmada pelos textos de Espinosa, pela forma como este conecta intrinsecamente, desde o início de sua obra, as noções de inteligibilidade e de causalidade a partir do axioma 4 ("o conhecimento do efeito depende do conhecimento da causa e o envolve"), pela equivalência universal que ele estabelece entre causa e razão em sua formulação do princípio da razão suficiente no contexto demonstrativo da EII P11 e, sobretudo, pela natureza e pelo papel que ele atribui à noção central de causa imanente.

Não é possível analisar nos limites deste artigo todas as passagens que manifestam a conotação de eficiência que Espinosa continua a atribuir à noção de *causa sui*, mas indicarei algumas das principais considerações em favor da preservação de uma leitura causal forte. Nisto, seguirei e aprofundarei algumas observações feitas recentemente por Yitzhak Melamed contra a interpretação de Carraud[27]:

27. Cf. Melamed (2021), p.121-123. Julgo que Melamed tem razão quando insiste sobre a conotação de eficiência que Espinosa dá à sua concepção de *causa sui*, mas não o sigo quando afirma que "Espinosa compreendia a causalidade da *causa sui* como uma causalidade eficiente, e não formal" (p.117), pois eu penso que Espinosa propõe uma fusão ou unificação destes dois tipos de causa na sua noção de *causa sui*. A ênfase de Melamed na causa eficiente é crucial para preservar a positividade da *causa sui* em Espinosa, evitando assim a redução proposta por Carraud da concepção de Espinosa à asseidade negativa dos escolásticos. No entanto, Melamed se encontra com Carraud no caráter unilateral de sua interpretação, de modo que ambos acabam por ignorar que a originalidade de Espinosa consiste no seu esforço em sintetizar as exigências da inteligibilidade e da produtividade que a unificação da causa formal e da causa eficiente pretende proporcionar.

(i) Melamed observa antes de tudo que o termo "*causa formalis*", ao qual Carraud acaba por reduzir a *causa sui*, é quase ausente da *Ética*. Ele aparece uma única vez na EV P31, no âmbito da demonstração de que "o terceiro gênero de conhecimento tem a mente, na medida em que a própria mente é eterna, como sua causa formal". Porém, mesmo neste âmbito (que elabora a relação entre a *Scientia Intuitiva* e a eternidade da mente), cabe notar que Espinosa identifica explicitamente, na demonstração da proposição 31, a causa formal com a sua noção de causa adequada[28], definida na terceira parte da *Ética* como aquela cujo efeito pode ser percebido clara e distintamente apenas por ela (EIII def.1). Ao acompanharmos o uso desta noção central na *Ética*, vemos que ela não designa apenas uma causa formal que torna completamente inteligível o efeito que decorre de sua natureza, como uma propriedade que decorre de uma essência, mas também uma causa eficiente que produz completamente esse efeito, ou seja, que é uma condição causal suficiente para a sua produção. Este duplo aspecto da causa adequada (inteligibilidade e produtividade) baseia-se na identificação que Espinosa estabelece em sua teoria do *conatus* entre a essência de uma coisa singular e a sua potência ou esforço para perseverar no seu ser, identificação que se fundamenta, por sua vez, naquela que ele estabelece entre a essência de Deus e sua potência (EI P34)[29]. Graças a esta identificação, Espinosa poderá conectar a noção de causalidade adequada à sua concepção precisa de ação, entendida como um tipo de exercício autossuficiente da potência de um indivíduo cujos efeitos podem ser produzidos nele ou fora dele[30],

28. Cf. EV P31 dem.: "[...] a mente, na medida em que é eterna, é a causa adequada ou formal do conhecimento das coisas pelo terceiro gênero de conhecimento" (GII 299).

29. *Cf.* EIII P7: "O esforço pelo qual cada coisa se esforça para perseverar em seu ser não é nada fora da própria essência dessa coisa." A teoria do *conatus* é demonstrada em EIII, proposições 4 a 8.

30. *Cf.* EIII def.2: Digo que agimos, quando em nós ou fora de nós sucede algo de que somos a causa adequada, ou seja (por def.1) quando da nossa natureza segue, em nós ou fora de nós, algo que pode ser compreendido clara e distintamente por ela só [...]" (GII 39).

e deduzirá daí como as ideias adequadas que a potência intelectual da mente produz ativamente podem promover nossa liberdade. Assim, através das noções de potência, ação e atividade, a conotação de "eficiência" está claramente implicada também na dependência da *Scientia Intuitiva* em relação à parte eterna da mente. Além disso, essa atividade eterna de conhecimento pela qual nos entendemos como modos finitos da substância absolutamente infinita, e nossa potência como parte da potência de Deus, está ligada à teoria espinosista da causalidade imanente, entendida como uma causalidade eficiente interna. Esta noção, como veremos a seguir, é central para a compreensão da concepção espinosista da *causa sui*.

(ii) Ao longo da *Ética* e de suas outras obras, Espinosa usa a palavra "causa" como intercambiável com a palavra "produzir [*producere*]" e a terminologia da produção, como é bem conhecido, está estreitamente associada à causalidade eficiente tanto na filosofia medieval quanto moderna. Não é razoável acreditar que Espinosa pudesse usar esta terminologia causal tão frequentemente sem ter consciência de sua forte conotação de eficiência e sem jamais fazer qualquer observação explícita para questioná-la.

(iii) Em EI P18 Espinosa apresenta sua tese central segundo a qual "Deus é causa imanente, e não transitiva, de todas as coisas". Sua demonstração baseia-se no primeiro corolário da proposição 16. De acordo com esta proposição capital, "da necessidade da natureza divina devem se seguir infinitas coisas, em infinitos modos, (isto é, tudo o que pode cair sob um intelecto infinito)". Poderíamos pensar que a EI P16 estabelece apenas uma derivação lógica de propriedades a partir de uma essência infinita, pois sua demonstração se contenta em afirmar que "esta proposição deve ser evidente para qualquer um, desde que se considere que, da definição dada de uma coisa qualquer, o intelecto conclui um grande número de propriedades, as quais, efetivamente, se seguem necessariamente dessa definição (isto é, da própria essência da coisa) [...]". No entanto, o primeiro corolário desta proposição mostra que não se trata apenas de uma derivação lógica de propriedades, mas também de uma produção real de coisas, pois ele afirma que: "Deus é causa eficiente de todas as coisas que podem cair sob um intelecto infinito". Assim, a noção de causalidade imanente que Espinosa estabelece na EI P18 a partir deste corolário preserva a conotação de eficiência na maneira como tudo decorre de Deus, conotação esta que é novamente mencionada explicitamente na EI P25 quando ele precisa o alcance do que decorre da essência de Deus: "Deus é causa eficiente não apenas da existência das coisas, mas também de sua essência".[31]

(iv) A dicotomia entre "*causa immanens*" e "*causa transiens*" mencionada na EI P18 é uma bifurcação entre duas espécies de causa eficiente: a causa transitiva sendo uma causa eficiente cujo efeito não é inerente à causa e a causa imanente sendo uma causa eficiente cujo efeito é inerente à causa. Esta qualificação da causa imanente como uma espécie de causa eficiente aparecia já antes da *Ética* e é preservada também depois dela. Ela já era apresentada por Espinosa no capítulo III da primeira parte do *Breve Tratado*, onde ele explica como Deus é a causa de todas as coisas. A causa imanente é aí elencada como uma das oito categorias em que se divide a causa eficiente: "Deus é uma causa imanente e não transitiva, já que age em si mesmo e não fora dele, posto que fora dele nada existe."[32] A ideia da causa imanente como aquela que produz em si mesma seus efeitos é, portanto, a ideia de uma causa eficiente interna.

31. Nesta proposição, Espinosa retoma um aspecto fundamental da doutrina cartesiana da livre criação das verdades eternas, a saber, a afirmação de que Deus é a causa eficiente não apenas da existência das coisas, mas também da sua essência. Evidentemente, Espinosa rejeita a tese cartesiana segundo a qual a causalidade eficiente de Deus é exercida através de um ato transcendente e indiferente de livre criação e substitui esta tese pela sua concepção da liberdade de Deus como um ato imanente e necessário no qual a atividade causal de Deus é determinada exclusivamente pelas leis de sua própria natureza (*cf.* EI def.7 e EI P17). Para uma análise detalhada da forma como a doutrina de Descartes foi recebida e transformada por Espinosa em suas obras, *cf.* Gleizer (2019b).

32. Cf. GI 35. Espinosa (2012), p.84.

Esta noção de causa imanente é preparada no mesmo capítulo do *Breve Tratado* pela fusão anterior que Espinosa estabelece explicitamente entre a causa emanativa e a causa ativa: "dizemos, pois, que ele [Deus] é causa emanativa ou produtiva de suas obras; e, em relação à operação que se está realizando, (é) uma causa ativa ou eficiente, as quais nós consideramos como uma, porque são correlativas entre si".[33] Uma vez que a causa emanativa, tal como a causa formal, está intrinsecamente ligada ao seu efeito (que decorre da sua natureza), a correlação entre causa emanativa e causa ativa que é constitutiva da noção espinosista de causa imanente implica uma clara síntese entre os aspectos da formalidade e da eficiência, preservando assim estes dois aspectos nesta espécie da causa eficiente.[34]

(v) Essa mesma ideia de uma causa eficiente interna é apresentada explicitamente na carta 60. Nesta carta, Espinosa explica por que não utiliza na *Ética* a definição comum de Deus como *ens perfectissimum*. Em conformidade com sua teoria da definição genética, desenvolvida no *Tratado sobre a Reforma do Entendimento* (*cf.* §96), Espinosa afirma nesta carta que a definição adequada de uma coisa deve "exprimir a causa eficiente" da coisa definida. No entanto, observa Espinosa, "quando defino Deus como um ser supremamente perfeito, esta definição não exprime uma causa eficiente (eu entendo, com efeito, uma causa eficiente interna ou externa)".[35] Assim, ao contrário daqueles que consideram todas as causas eficientes como causas transitivas, isto é, como causas externas, Espinosa admite causas eficientes *internas* (ou *imanentes*).

---

33. Ibid.

34. Para uma explicação detalhada de como Espinosa se apropria e transforma de forma original as distinções tradicionais relativas aos diferentes aspectos da causalidade divina que ele tomou emprestados dos trabalhos de Adrian Heerebord, *cf.* a análise clássica de Gueroult (1968), capítulo VIII. Na *Ética*, Espinosa não utiliza mais o vocabulário de causa emanativa e ativa, que se confundia com sua noção de causa imanente. Para uma análise desta noção crucial, *cf.* Gueroult (1968), capítulo X, p.295-300.

35. Cf. GIV 270.

(vi) A noção de causa eficiente imanente aplica-se, portanto, não apenas à relação entre Deus e a essência e existência dos modos que ele produz em si mesmo, mas também à relação entre a sua essência e a sua própria existência, isto é, à sua própria autoprodução. No escólio da EI P25 Espinosa afirma que "no mesmo sentido em que se diz que Deus é causa de si mesmo, também se deve dizer que é causa de todas as coisas". O seu compromisso com o uso unívoco do conceito de causa implícito nestas duas relações deixa claro que a *causa sui*, entendida como aquela cuja essência implica a existência, deve ser entendida também como uma causa imanente de si mesma, isto é, como causa eficiente interna, explicando assim porque a conotação de eficiência está contida na primeira relação. A implicação da existência de Deus na sua essência não é redutível à simples autossuficiência lógica, mas também implica a conotação de uma autoprodução dinâmica. Esta é a razão pela qual Espinosa estabelecerá frequentemente uma equivalência explícita entre as expressões "existir pela virtude da sua simples essência" e "ser produzido pela força da sua própria natureza".[36] Esta é também a razão pela qual Espinosa não só afirmará o uso unívoco do conceito de causa nas duas relações causais mencionadas no escólio da EI P25 (*causa rerum* e *causa sui*), mas também indicará no corolário desta proposição que estas duas relações causais são na realidade dois aspectos de uma só e mesma atividade causal infinita na qual a produção do mundo por Deus coincide com a autoprodução de Deus, uma vez que "as coisas particulares nada mais são do que afecções dos atributos de Deus, ou seja, modos pelos quais os atributos de Deus exprimem-se de uma maneira certa e determinada".[37]

36. Cf. Ep.34 (GIV 180).

37. Cf. GII 68.

Apropriação e transformação radicais da causa sui *cartesiana por Espinosa mediante a noção de causa imanente*

Destas observações emerge claramente que a apropriação por Espinosa da noção cartesiana de *causa sui* positiva e sua transformação radical em causa imanente integra os sentidos formal e eficiente da causalidade e libera completamente a noção de causa eficiente do modelo finito da causalidade transitiva, segundo a qual a causa é extrínseca, numericamente distinta e cronologicamente anterior ao seu efeito.

Se Descartes afirma explicitamente que a noção de causa eficiente não implica a de prioridade temporal, o seu apego ao modelo da transitividade (necessário para as explicações mecânicas), mas também, e sobretudo, o seu apego à concepção criacionista de Deus, não lhe permite aceitar e aplicar a Deus a noção de causa imanente[38] e, assim, o conduz a utilizar um procedimento analógico graças ao qual a consideração da potência infinita de Deus lhe permite tratar a causa formal como uma "causa quase-eficiente". Espinosa, por sua vez, conecta a noção de *causa sui* à de causa imanente, em total ruptura com o modelo da transitividade, a concepção criacionista de Deus e o uso de qualquer procedimento analógico para pensar o ser infinito. Como bem salienta Jean-Marie Beyssade no final da passagem de seu artigo acima citado, Espinosa não se contenta em inverter o sentido da analogia cartesiana e reduzir a causa eficiente à causa formal. O seu compromisso com a inteligibilidade integral do real, e a utilização unívoca dos conceitos que esta inteligibilidade exige, levam-no a propor uma verdadeira fusão entre estes dois tipos de causa na sua concepção de Deus como *causa sui* e *causa rerum*, uma fusão que se articula com a identidade absoluta que ele

38. Na carta a Mersenne de 27 de maio de 1630 (que trata da tese da livre criação das verdades eternas), Descartes sustenta que Deus é a causa eficiente e total das essências, bem como da existência das criaturas, e enfatiza que "essa essência nada mais é do que essas verdades eternas; *as quais eu não concebo emanar de Deus como os raios do sol* [...]" (F. Alquié, 1973, vol. 1, p.267. Sublinhado por nós). A recusa da noção de emanação acarreta, com mais razão ainda, a de imanência.

estabelece entre a potência de Deus e sua essência, e que o levará a caracterizar esta essência como *essentia* actuosa (essência ativa).[39]

Ora, esta fusão não deve ser pensada como resultando de uma confusão, subordinação ou redução da relação causal de produção à relação lógica de implicação, nem desta última à primeira, mas antes como exprimindo uma qualificação mútua entre estas duas relações, qualificação mútua esta que decorre da inspiração construtivista do pensamento de Espinosa. Segundo esta inspiração, que se manifesta claramente no modelo geométrico da definição genética proposto no *Tratado sobre a Reforma do Entendimento*, a realidade de um objeto não se esgota na sua simples coerência lógica (na sua não-contradição formal), mas remete também à sua construção efetiva de acordo com as regras de construção adequadas e os elementos disponíveis (regras e elementos que, no contexto da *Ética*, remetem às leis da Natureza e ao nexo infinito das causas finitas). Encontramos assim em Espinosa a defesa de uma qualificação mútua entre a exigência formal de não-contradição e a exigência de uma razão suficiente na explicação da gênese ou produção de qualquer objeto.[40] O significado desta qualificação mútua foi bem sublinhado por Emanuela Scribano que escreve: "Testemunhamos, com Espinosa, à primeira teorização explícita de uma tradução das modalidades lógicas em modalidades causais [...] Com Espinosa não se trata mais de 'deslizes' ou de 'confusão' modal, na medida em que se trata de uma reivindicação explícita, deliberada e extrema da *equivalência*

39. Cf. EII P3 escólio: "Demonstramos, além disso, na proposição 34 da parte 1, que a potência de Deus não é senão sua essência atuante [*Dei actuosam essentiam*]. Portanto, é tão impossível conceber que Deus não age quanto que ele não existe".

40. Esta mútua qualificação foi sublinhada por Elhanan Yakira (1989), capítulo II. Aí ele mostra que "a teoria espinosista da necessidade é, do ponto de vista da teoria modal propriamente dita, uma interpretação do discurso modal em termos de causalidade" (p.20), mas observa que "a interpretação da necessidade pela causalidade não é uma redução de uma à outra, nem da primeira à segunda, nem vice-versa. Há antes uma qualificação recíproca de uma pela outra. Assim, da mesma maneira que a determinação causal das coisas finitas é uma necessidade, a necessidade da essência, embora seja a necessidade de um conteúdo conceitual, não é uma necessidade lógica formal, mas também uma determinação causal de algum tipo: a necessidade da existência de Deus, a necessidade em relação à essência, é a necessidade do que é *causa sui*" (p.23-24).

entre modalidades lógicas e modalidades causais".[41] Graças a esta equivalência, a fórmula "*causa sive ratio*" adquire com Espinosa um significado unívoco e uma validade universal que, graças à causalidade imanente, se aplica à totalidade das essências e existências que decorrem da essência ativa de Deus. Desta noção de uma essência ativa de Deus, segue-se que "tudo o que não implica contradição tem uma causa que determina a sua existência e deve, portanto, existir em um certo tempo, e tudo o que não existe em um certo tempo implica uma contradição".[42] Em suma, resulta daí um necessitarismo absoluto que liga a radicalização espinosista do pensamento cartesiano de Deus como *causa sui* positiva a uma renovação moderna do princípio de plenitude.[43]

Diferenças entre Espinosa e Descartes quanto à ordem de derivação dos conceitos de causa sui, *infinitude e potência em Deus*

Para concluir, gostaria de fazer algumas breves observações sobre as diferenças entre Espinosa e Descartes no que diz respeito à ordem de derivação entre os conceitos de *causa sui*, infinitude e potência em Deus. Para Descartes, como vimos, a elaboração da noção de Deus como *causa sui* positiva deriva de uma reflexão sobre as noções prévias de Deus como ser atualmente infinito e do uso de uma analogia que se baseia na consideração de sua potência inesgotável e incompreensível. Para Espinosa, ao contrário, não só a noção de *causa sui* é a que abre a *Ética*, mas a demonstração de que esta noção é uma propriedade necessária da substância precede e justifica a demonstração de que "toda substância é necessariamente infinita" (EI P8), bem como a demonstração de que "a potência de Deus é a sua própria essência" (EI P34).

---

41. Cf. Scribano (2002), p.222.
42. *Ibid.*, p.222.
43. Para uma análise aprofundada do necessitarismo de Espinosa, remeto o leitor a Gleizer (2003).

No que diz respeito à relação entre as noções de *causa sui* e de infinito, é interessante notar que, diferentemente da noção de *causa sui*, a noção de infinito não recebe uma definição explícita no início da *Ética*, mas aparece apenas na definição de Deus como um ser absolutamente infinito e na sua explicação, quando a noção de "absolutamente infinito" é distinguida da noção de "infinito em seu gênero". É curioso notar também que encontramos uma definição explícita de coisa finita entre as definições iniciais da *Ética*, definição que aliás desempenhará um papel na primeira demonstração (que tem a forma de uma *reductio ad absurdum*) que Espinosa propõe para estabelecer sua tese de que "toda substância é necessariamente infinita" (EI P8). Não abordarei aqui as dificuldades que esta primeira demonstração herda da sua dependência em relação à EI P5[44], mas é importante observar que no primeiro escólio da EI P8 Espinosa oferece uma outra demonstração na qual ele deduz diretamente a infinidade da substância do fato de que ela é causa de si (EI P7), e ele explica aí o que entende por infinito: "como, na verdade, ser finito é, parcialmente, uma negação, e ser infinito, uma afirmação absoluta da existência de uma natureza, segue-se, portanto, simplesmente pela P7, que toda substância deve ser infinita". Consequentemente, o ser cuja essência envolve a existência, a saber, a substância, afirma absolutamente a existência da sua própria natureza e, portanto, é necessariamente infinito.

Esta derivação do infinito a partir da *causa sui* coincide exatamente com o que é dito na primeira definição do infinito que Espinosa oferece em sua famosa carta 12 (chamada "carta sobre o infinito"). Para explicar "por que a questão do infinito sempre pareceu a todos os pensadores muito difícil e até inextricável", Espinosa explica que não conseguiram resolvê-la:

---

44. A EI P5 afirma que "não podem existir, na natureza das coisas, duas ou mais substâncias de mesma natureza ou de mesmo atributo". Ela pretende demonstrar, contra Descartes, que a distinção numérica não se aplica às substâncias (não é uma distinção real) e, portanto, que não pode existir uma multiplicidade numérica de substâncias do mesmo tipo. Contudo, a segunda parte da demonstração (que se baseia numa utilização implícita daquilo que Leibniz chamará de princípio da identidade dos indiscerníveis) levanta certas dificuldades que não precisamos discutir aqui. O que importa sublinhar é que Espinosa oferece uma prova alternativa da infinitude da substância que não estabelece esta propriedade de uma forma negativa, mas que a vê diretamente como uma consequência positiva do fato de a essência de uma substância implicar a sua existência, isto é, ser *causa sui*.

> porque não distinguiram entre aquilo que é infinito por sua natureza, ou pela força de sua definição, e aquilo que não tem fim, não pela força da sua essência, mas pela sua causa. E também porque não distinguiram entre aquilo que é dito infinito porque não tem fim, e aquilo cujas partes, embora conheçamos o máximo e o mínimo, não podem ser explicadas ou representadas apenas por um número. Enfim, porque não distinguiram entre aquilo que só pode ser inteligido, mas não imaginado, e aquilo que também podemos imaginar.[45]

Na sequência desta passagem, Espinosa mostra que o primeiro tipo de infinito só se aplica à substância, uma vez que só uma substância é tal "que a existência pertence à sua essência, isto é, que sua existência decorre de sua essência apenas e de sua definição".

Vemos então que a propriedade da *causa sui* é o que explica em Espinosa a infinitude necessária da substância. É claro que, como observa Espinosa na mesma carta 12, é necessário demonstrar também porque se segue da definição de uma substância que ela é *causa sui*. A prova mais simples e mais intuitiva dada na *Ética* (EI P6, prova alternativa) mostra que esta tese decorre da definição de substância como "aquilo que é em si e concebido por si", ou seja, "aquilo cujo conceito não exige o conceito de outra coisa do qual deve ser formado" (EI def.3), em conjunção com o axioma 4, segundo o qual "o conhecimento do efeito depende do conhecimento da causa e o envolve". Dada a articulação intrínseca entre conceptibilidade e causalidade formulada neste axioma, segue-se que "se uma substância pudesse ser produzida por outra coisa, o seu conhecimento teria que depender do conhecimento da sua causa (pelo ax.4) e, consequentemente (pela def.3), ela não seria uma substância". Encontramos, portanto, neste raciocínio o que havíamos sublinhado no início deste artigo, a saber, que a explicação da infinitude do ser infinito pela noção de *causa sui* repousa para Espinosa na sua exigência universal de causa ou razão, isto é, na sua aceitação incondicional do princípio de razão suficiente e da inteligibilidade integral do real.

---

45. Cf. GIV/53, Espinosa (1979), p.375.

Por fim, no que diz respeito à relação entre as noções de *causa sui* e de potência, a demonstração do IE P34 mostra claramente que é o conceito de *causa sui* que está na base da identificação entre a essência de Deus e a sua potência: "Segue-se, com efeito, exclusivamente da necessidade da essência de Deus que Deus é causa de si mesmo (por P11) e (por P16 e seu corolário) causa de todas as coisas. Logo, a potência de Deus, pela qual ele próprio e todas as coisas existem e agem, é a sua própria essência, C.Q.D.". Nesta subordinação da noção de potência à de *causa sui*, Espinosa difere fundamentalmente de Descartes. Como bem observou Mogens Laerke:

> Descartes e Espinosa divergem num ponto crucial: entre eles, inverte-se a ordem dedutiva que liga a *causa sui* à potência divina. Em Descartes, a potência de Deus é supostamente explicar e fundar a *causa sui*. Em Espinosa, em revanche, a *potentia Dei* remete à *causa sui* como seu princípio de inteligibilidade: a identidade da potência e da essência divinas é demonstrada pela *causa sui*. Em outras palavras, Espinosa concebe a potência por meio da causa de si e não a causa de si por meio da potência de Deus. O golpe de força de Espinosa consiste, portanto, em retomar a posição de Descartes e, ao mesmo tempo, inverter a relação entre a potência divina e a causa de si. Vemos, mais uma vez, como Espinosa coloca a *causa sui* como inteligível em si mesma, como o fundamento da inteligibilidade do real, e não como um conceito que deve ser tornado inteligível por algum outro conceito.[46]

46. *Cf.* M. Lærke (2009), p.179. É importante ressaltar que esta inversão da posição de Descartes não implica, aos olhos de Laerke, uma redução da causa eficiente à causa formal, nem a reintrodução da asseidade negativa defendida por Carraud. Assim, ele escreve: "Neste ponto, discordamos de Vincent Carraud, que considera que Espinosa, em última análise, retorna à posição da Escola ao fazer da causa de si mesmo uma *causa formalis*, efetuando assim uma verdadeira des-causalização da *causa sui* (pp. 283, 324, 329). Embora não se trate mais, como no caso de Descartes, de um caso limite da *causa eficiens*, também não se trata de uma simples autossuficiência lógica cujo significado seria desprovido de qualquer conotação de eficiência: implicar a existência na essência permanece para Espinosa uma capacidade infinita de produzir. Não podemos, portanto, pensar na *causa sui* de Espinosa como asseidade negativa, isto é, como ausência de causa. Em outras palavras, não se pode considerar a existência "em si" (*in se*) do Deus de Espinosa à imagem do *ens a se* da Escola. A noção espinosista do ser causa de si é uma noção completamente original" (p.177).

A aceitação incondicional do princípio de razão suficiente por Espinosa confere um papel fundador à noção de *causa sui* que conduz a uma ontologia da potência na qual *coisa* e *causa*, *ser* e *ação* são rigorosamente identificados. Nesta ontologia, o ser absolutamente infinito é essencialmente uma potência absolutamente infinita que explica e produz todas as coisas concebíveis com a mesma necessidade e pela mesma potência pela qual ele se produz e se explica, a saber, "pela força de sua própria natureza", isto é, "em virtude de sua essência simples".

Referências Bibliográficas

Aquinas, T. — *Somme Théologique* — Edition numérique : bibliothèque de l'édition du Cerf, 1984.

Beyssade, J.M. — « En Quête d›une ontologie cartésienne : sur trois formules à corriger (Lettre à un inconnu, 1642 ou 1643, AT V 545-546) » ; *Revue de Théologie et de Philosophie*, Troisième série, Vol. 141, No. 1 (2009).

Carraud, V. — Causa sive Ratio. La Raison de la cause de Suarez à Leibniz ; PUF, Paris : 2002.

Cohn, J. — *Histoire de l'infini : Le problème de l'infini dans la pensée occidentale jusquà Kant*; Traduction et présentation par Jean Seidengart, Les éditions du Cerf, Paris : 1994,

Descartes, R. — *Oeuvres Philosophiques*. Ferdinand Alquié (Ed.), 3 tomes. Paris: Garnier, 1973.

Descartes, R. — *Obras escolhidas*, introdução de Gilles-Gaston Granger, prefácio e notas de Gérard Lebrun, tradução de J. Guinsburg e Bento Prado Júnior, Ed. Bertrand Brasil, Rio de Janeiro, 1994.

Gleizer, M.A. — "Considerações sobre o necessitarismo de Espinosa"; *Analytica: Revista de Filosofia*, Vol.7, n°2, Rio de Janeiro, 2003.

Gleizer, M.A. — « Spinoza et la déconstruction de la conception cartésienne du jugement » ; in Fortune de la philosophie cartésienne au Brésil, Jaime Derenne et Mariana de Almeida Campos (orgs.), Classiques Garnier, Paris : 2019 (a).

Gleizer, M.A. — « Espinosa et la théorie cartésienne de la libre création des vérités éternelles »; in *La Générosité à l'oeuvre : Hommage à Jean-Marie Beyssade*, Chantal Jaquet (org.), Classiques Garnier, Paris : 2019 (b).

Gueroult, M. — *Spinoza I: Dieu*. Paris: Aubier-Montaigne, 1968.

Kim, S.O. — Descartes et l'ambivalence de la création ; Vrin : Paris, 2000.

Lærke, M. — « Immanence et extériorité absolue. Sur la théorie de la causalité et l›ontologie de la puissance de Spinoza » ; *Revue philosophique*, n° 2/2009.

Melamed, Y. — "Spinoza on Causa Sui", in *A Companion to Spinoza*, Willey Blackwell, NJ: 2021.

Scribano, E. — *L'existence de Dieu : Histoire de la preuve ontologique de Descartes à Kant*. Traduit de l'italien par Charles Barone, Éditions du Seuil, Paris : 2002.

Espinosa, B. — *Spinoza Opera*. Ed. Carl Gebhardt, 5 vol., Heidelberg: Carl Winter, 1924.

Espinosa, B. — *Éthique*; Présenté et traduit par Bernard Pautrat. Éditions du Seuil, Paris, 1999.

Espinosa, B. — *Ética*, Edição bilingue Latim/Português, tradução de Tomaz Tadeu, Editora Autêntica, Belo Horizonte, 2007.

Espinosa, B. — *Pensamentos Metafísicos; Tratado da correção do intelecto; Ética, Tratado Político, Correspondência*, traduções de Marilena Chauí ... [et al.], Coleção Os Pensadores, São Paulo, Ed. Abril, 1979.

Espinosa, B. — *Breve Tratado de Deus, do homem e do seu bem-estar*, tradução e notas de Emanuel Ângelo da Rocha Fragoso e Luís César Guimarães Oliva, Editora Autêntica, Belo Horizonte, 2012.

Espinosa, B. — *Princípios da Filosofia Cartesiana e Pensamentos Metafísicos*, tradução de Homero Santiago e Luís César Guimarães Oliva, Editora Autêntica, Belo Horizonte, 2015.

Espinosa, B. — *Oeuvres I : Premiers écrits* ; P.-F Moreau (dir.), PUF, Paris, 2009.

Espinosa, B. — *Correspondance* ; Présentation et traduction par Maxime Rovère. GF Flammarion, Paris, 2010.

Yakira, E. — Contrainte, Nécessité, Choix: La métaphysique de la liberté chez Spinoza et chez Leibniz ; Éditions du Grand Midi, Zurich, 1989.

Observações iniciais sobre a infinitude de Deus e a infinitude do mundo em Leibniz[1]

Edgar Marques
(UERJ/CNPq)

A noção de infinito ocupa uma posição central na metafísica leibniziana. O próprio Leibniz reconhece isso ao escrever, em 4 de novembro de 1696, à Princesa-Eleitora Sofia: "As minhas meditações fundamentais giram em torno de duas coisas, a saber, a unidade e o infinito. As almas são as unidades e os corpos são as multiplicidades, mas infinitas, de tal modo que o menor grão de areia contém um mundo infinito de criaturas."[2]

Nessa passagem Leibniz contrapõe almas e corpos no que diz respeito à sua natureza. Enquanto as almas são desprovidas de partes, sendo por isso indivisíveis e unas, os corpos são múltiplos, contendo cada um deles um conjunto infinito de criaturas. O mundo é concebido, portanto, como

---

1. Este trabalho foi possibilitado por meio do apoio do Programa de Pesquisa Prociência da UERJ e do Programa de Intercâmbio PROBRAL, financiado pela CAPES e DAAD e da Bolsa de Produtividade em Pesquisa do CNPq. Expresso aqui meus agradecimentos a essas instituições.

2. Leibniz, G.W., *Die philosophischen Schriften*, herausgegeben von Gerhardt, C.F., Band 7, Olms Verlag, 1978, p. 542. (Doravante essa edição será citada da seguinte forma: as iniciais GP seguida do número da série em algarismos romanos, do número do volume e do número das páginas em algarismos arábicos).

sendo infinito em cada porção sua determinada, uma vez que cada parte dele reúne em si infinitos corpos. O mundo corporal é infinito tanto no sentido de haver nele infinitos corpos quanto no sentido de ser cada um desses corpos uma multiplicidade que agrupa em si infinitos outros corpos, em uma estrutura que se repete sem que haja um fim. Temos, então, no plano corporal infinitos dentro de infinitos infinitamente.

Essas pluralidades não podem, entretanto, ser a menos que haja também unidades, pois, tal como Leibniz o afirma no segundo parágrafo da *Monadologia*, tem de haver o simples para que haja o composto, uma vez que o ser do composto pressupõe o ser das unidades das quais ele é constituído. Assim, uma vez que sem o simples não pode haver o composto, a afirmação de existência dos corpos implica, de acordo com Leibniz, a aceitação da existência de substâncias simples que seriam requisitos para a existência daqueles compostos. Para serem simples, tais substâncias não podem ser corporais, pois, em função da divisibilidade de tudo o que é extenso, todos os corpos são divisíveis e, portanto, compostos.

Essas unidades simples incorpóreas — mônadas, no vocabulário da maturidade de Leibniz — estão relacionadas à ideia de infinito de duas formas distintas. Em primeiro lugar, se há infinitos corpos e se essas unidades são requisitos ontológicos da constituição desses corpos, então temos de considerar que há infinitas mônadas. Em segundo lugar, ainda que simples e desprovidas de partes, cada uma dessas mônadas contém em si o infinito na medida em que possui infinitos estados internos representacionais — as percepções — que expressam tudo o que ocorre no universo.[3]

Fica claro, assim, que a ideia de infinito desempenha um papel central na metafísica leibniziana da maturidade, tanto no que diz respeito à determinação do estatuto das substâncias compostas — corpos e fenômenos corporais — quanto à reflexão acerca da natureza das substâncias simples, isto é, as mônadas.

---

3. No parágrafo 61 da *Monadologia* afirma que "cada mônada criada representa todo o universo." Essa afirmação é repetida no parágrafo 3 dos *Princípios da Natureza e da Graça*, quando ele afirma que "cada mônada é um espelho vivo, ou dotado de ação interna, representativo do universo, segundo seu ponto de vista."

A centralidade dessa noção na filosofia leibniziana exige, dessa maneira, que Leibniz fundamente a possibilidade mesma do infinito no real e especifique sua natureza, pois o papel que essa noção desempenha na ontologia leibniziana demanda da parte de Leibniz a defesa, contra os aristotélicos, da tese de que encontramos no mundo não apenas um infinito potencial, mas também infinitos atuais. Essa discussão não pode ser levada adiante, contudo, sem que se enfrente igualmente as questões relativas à determinação (a) da natureza do infinito matemático e (b) do sentido em que Deus é infinito.

Leibniz é, portanto, por assim dizer, forçado a desenvolver uma complexa reflexão que dê conta do infinito na criação, na matemática e em Deus. Meditações acerca do infinito estão presentes em diversos momentos de sua obra, sendo detectáveis algumas variações ou desenvolvimentos em sua concepção ao longo das décadas, mas podemos, ainda assim, considerar que as intuições fundamentais que guiam Leibniz permanecem grosso modo as mesmas desde os anos 1670 até seus anos de maturidade.

Uma boa via de acesso à concepção leibniziana do infinito em sua maturidade pode ser encontrada na correspondência de Leibniz com o teólogo jesuíta Bartholomew des Bosses. Em uma carta de 12 de fevereiro de 1706 des Bosses apresenta uma lista de cinco axiomas — essa é a expressão empregada por des Bosses — ou teses fundamentais da filosofia aristotélica com as quais ele considera que Leibniz concordaria. O terceiro desses axiomas afirma que não há infinito atual na natureza, o que o próprio des Bosses reconhece contrariar algumas afirmações textuais de Leibniz[4], mas ainda assim ele considera que a filosofia de Leibniz pode ser compatibilizada com a ideia de haver unicamente infinitos potenciais, e não infinitos atuais. Em carta de 14 de fevereiro, Leibniz reafirma a des Bosses seu compromisso com a ideia da existência do infinito atual no

4. "Penso que esses axiomas tomados da metafísica de Aristóteles concordam bastante com seu sistema, se excetuamos o terceiro, sobre o qual tenho dúvidas, pois em algum lugar você afirma o infinito atual." Leibniz, G.W., *Obras Filosóficas y Científicas*, vol. 14, Editorial Comares, Granada. 2007, p.162.

mundo, ressaltando que se as mônadas — princípios da unidade substancial — estão em tudo, isso implica que haja um infinito atual. Não se contentando com essa seca e curta afirmação de Leibniz de que em seu sistema o mundo tem sim de comportar infinitos atuais, des Bosses responde a Leibniz em 2 de março, mostrando não ser tão filosoficamente ingênuo quanto este parecia inicialmente supor. Des Bosses indaga se a afirmação da existência de infinitos atuais na natureza implica a aceitação de magnitudes e quantidades atuais infinitas, o que traz para a discussão acerca dos infinitos atuais a questão relativa ao estatuto dos infinitos aritméticos e geométricos. Além disso, des Bosses cita passagens de textos de Leibniz nos quais ele se refere a infinitos que aparentemente se deixam compreender como sendo meramente potenciais[5], tais como, por exemplo, os graus infinitos do *impetus*. Des Bosses questiona o que poderia impedir que o mesmo tratamento dado a esses graus infinitos fosse igualmente dispensado à quantidade — infinita — de substâncias.

Com seus questionamentos, des Bosses força Leibniz, assim, a fornecer uma teoria mais ampla do infinito, que abranja tanto o infinito no mundo quanto os infinitos matemáticos e até mesmo o infinito divino. Vejamos como se estrutura essa concepção.

A problematização do infinito no século XVII, tal como nos séculos imediatamente anteriores, se efetiva a partir de uma recepção da distinção feita por Aristóteles, na *Física*, entre duas formas de se conceber o infinito: como atual e como potencial. Essa distinção possibilitou a Aristóteles atribuir ao infinito um estatuto na realidade sem que daí se derivassem paradoxos como aqueles formulados por Zenão, que, em traços largos, repousam sobre a ideia de que dizer que algo consiste em um conjunto infinito — como, por exemplo, que um segmento de reta é formado por infinitos outros segmentos de reta — implica considerar

5. Des Bosses se refere a um texto, publicado nos *Mémoires de Trévoux*, em que Leibniz, em discussão acerca do cálculo diferencial, diz que o infinito não precisa ser tomado rigorosamente e a uma passagem no *Specimen Dynamicum*, na qual, a respeito dos graus infinitos do *impetus*, Leibniz afirma não se comprometer com a existência na natureza dessas entidades matemáticas.

todos os elementos que o integram como atualmente existentes. Assim, de acordo com Zenão, não há como concebermos o movimento de uma flecha sem incorrermos em contradições, pois para que se percorra qualquer distância é preciso que se percorra antes metade dessa distância, e metade dessa metade, e assim ao infinito, de forma que parece contraditório afirmar que a flecha se move. Segundo Aristóteles, paradoxos como esse emergem do fato de concebermos as infinitas partes que compõem um infinito desse tipo como sendo todas atualmente coexistentes, quer dizer, é como se, no nosso exemplo, a distância do arco ao alvo fosse formada por um conjunto infinito de distâncias discretas atuais, de tal modo que a uma distância dada sempre corresponderia uma distância anterior a ela igualmente dada e que possuiria a metade de seu comprimento, e assim infinitamente. O ponto para Aristóteles é que esse todo formado por essas infinitas partes que o compõem é um todo ideal, e não real, sendo essas partes potencialmente existentes, e não atualmente. Assim, dizer que a distância entre o arco e o alvo é formada por infinitos segmentos de linha não significa dizer que essa distância se constitui a partir da agregação de segmentos previamente existentes a esse todo, mas sim que o segmento de linha correspondente a essa distância pode ser dividido sem fim em segmentos cada vez menores. Essa infinitude corresponde, assim, a um modo sempre potencial de ser dessa distância, e nunca a um modo atual. Essa distância constitui um conjunto potencialmente infinito, mas não atualmente; ela possui infinitas partes, mas em potência, não em atualidade. Quer dizer, ela pode ser dividida em um processo sem fim, mas ela não se encontra infinitamente dividida em nenhum momento do tempo, não sendo, portanto, essas infinitas partes em que ela pode ser dividida em nenhum instante coexistentes. É em função de serem apenas infinitamente potenciais as partes nas quais as distâncias podem ser divididas que a realização de movimentos no mundo não carrega em si nenhum traço de inconsistência ou de contradição.

É evidente, contudo, que a negação aristotélica da existência de infinitos atuais no mundo não pode ser aceita por Leibniz, pois, como vimos acima, segundo a metafísica leibniziana, o mundo efetivamente tem de conter infinitos atuais, pois há no mundo criado corpos e mônadas infinitamente.[6] A questão é que a distinção entre atual e potencial juntamente com a negação da existência do primeiro é exatamente o que possibilita a Aristóteles a formulação de uma concepção não contraditória de infinito. Leibniz tem, dessa maneira, para afirmar a existência de infinitos atuais na realidade, de mostrar em que medida a ideia mesma de um infinito atual não é contraditória.

Leibniz considera que os argumentos contra o infinito atual se fundamentam na ideia de que a existência de infinitos atuais implicaria a existência de números infinitos que os numerariam, de tal forma que a recusa de que haja números infinitos implicaria por si mesma a recusa da existência de infinitos atuais[7]. Esse ponto é fundamental para Leibniz porque ele de fato sustenta que não existem números infinitos em função de sua aceitação implicar contrassensos. Se tomarmos, por exemplo, valendo-me aqui da situação por ele apresentada no diálogo *Pacídius Philalethi*,[8] o número de todos os números naturais, este número deverá ser maior do que o número de todos os quadrados, pois ele inclui os quadrados e mais os números

---

6. Em carta a Foucher de 1693, Leibniz expressa-se de uma maneira meridianamente clara acerca desse tópico: "Je suis tellement pour l'infinite actuel, qu'au lieu de admettre que la nature l'abhorre, comme l'on dit vulgairement, je tiens qu'elle l'affecte partout, por mieux marquer les perfections de son auteur. Ainsi je crois qu'il n'y aucune partie de la matière qui ne soit, je ne dis pas divisibles, mais actuellement divisée, et par consequent, la moindre particele doit estre considerée comme um monde plein d'une infinité des creatures diferentes.", GP, I, 416.

7. Na carta a des Bosses de 7 de março de 1706: "Os argumentos contra o infinito em ato supõem que, tendo admitido que se dá o número infinito, todos os infinitos são iguais." Leibniz, G.W., *Obras Filosóficas y Científicas*, vol. 14, Editorial Comares, Granada. 2007, p.172. Texto latino: GP, II, 304.

8. "numerus omnium quadratorum < major > est quam omnium numerorum sunt enim aliqui numeri non-quadrati vicissim numerus omnium quadratorum aequalis est numero omnium numerorum, quod sic ostendo nam nullus est numerus cui non respondeat suus quadratus, non est ergo major numerus numerorum quam quadratorum. Vicissim omnis numerus quadratus habet latus < numerum > non est ergo major numerus quadratorum quam numerorum neque major ergo neque minor, sed aequalis erit numerus numerorum omnium (quadratorum et non-quadratorum) et numerus omnium quadratorum totum parti, quod est absurdum.", Leibniz, G.W., *Opuscules e fragments inedits*, ed. Par Louis Couturat, Felix Alcan, Paris, 1903, 611-612.)

naturais que não são quadrados, constituindo, assim, os quadrados apenas uma parte dos números naturais. Entretanto, por outro lado, uma vez que a cada número natural corresponde o seu quadrado, então o número de todos os quadrados deve ser igual ao número de todos os naturais. Teríamos, então, nesse caso, uma parte que seria igual ao todo do qual ela é parte, o que, para Leibniz, vem a ser um absurdo. Não há, dessa maneira, segundo ele, números que correspondam às respectivas quantidades de elementos integrantes do conjunto dos números naturais e do conjunto dos números naturais quadrados, pois se houvesse, tais números teriam de ser ao mesmo tempo idênticos um ao outro, uma vez que designam quantidades igualmente infinitas, e um menor do que o outro, dado que os números naturais quadrados são uma parte do todo formado pelos números naturais.

Diferentemente daqueles que, em função dessa dificuldade relativa aos números infinitos, negam a existência de infinitos atuais, Leibniz considera que os infinitos atuais podem ser admitidos sem qualquer restrição desde que compreendamos de maneira acertada em que consistem os diferentes modos de ser da infinitude.

A determinação da natureza mesma dos diferentes infinitos desempenha, então, um papel central nas reflexões de Leibniz relativas a essa questão dos infinitos atuais. Como toda diferenciação, essa pressupõe a fixação de critérios a partir dos quais os infinitos se deixem caracterizar, compreender e agrupar.

Apesar de não corresponder precisamente à sequência de afirmações encontráveis na letra do texto leibniziano, considero que o ponto de partida das ponderações de Leibniz se encontra na distinção entre, por um lado, infinitos que constituem um todo e possuem uma unidade, e, por outro lado, infinitos dos quais não se pode dizer em sentido estrito que o façam. Um infinito somente pode ser um todo, no sentido metafisicamente rigoroso adotado por Leibniz, quando sua unidade repousa nele mesmo, não dependendo essa unidade — ao contrário do que ocorre, por exemplo, com entidades mentais e semimentais como as relações — de um determinado modo pelo qual ele é pensado. Assim, um infinito apenas pode ser um todo caso ele seja estritamente uno. Como um dos princípios fundamentais da metafísica de Leibniz consiste na plena convertibilidade entre uno e ser,[9] podemos, então, dizer que um infinito forma um todo dotado de unidade única e exclusivamente na medida em que ele pode ser tomado como sendo ele mesmo uma entidade. Essa concepção afasta já de início a possibilidade de que infinitos formados pela agregação de partes constituam, respectivamente, totalidades plenas e sejam, em sentido estrito, unos.[10] Além disso, por serem eles formados por infinitas partes, a esses infinitos não corresponde uma quantidade numerável, isto é, uma quantidade que possa ser expressa através de um número, uma vez que a própria ideia de um número infinito determinado é em si mesma contraditória. Em vez de falar de um número infinito que corresponderia a uma quantidade infinita de algum tipo de ente deveríamos, segundo Leibniz, dizer que há mais elementos ou partes presentes nesse conjunto do que o que poderia ser expresso por qualquer número, e nisso consiste sua infinitude.[11] Em sentido estrita e completamente rigoroso apenas a Deus pode ser atribuída, para Leibniz, uma verdadeira unidade. E isso porque a infinitude divina não consiste em uma agregação de partes, sendo, ao contrário, uma infinitude indivisível e absoluta.[12] Disso se segue que, no sistema leibniziano, apenas o infinito qualitativo, e não o quantitativo, constitui um todo realmente uno.

É exatamente dos diferentes modos de relação entre um todo e suas partes de que Leibniz lança mão para fornecer, em estudo suplementar contido em carta a des Bosses de 1° de setembro de 1706, uma classificação

---

9. Esse axioma da convertibilidade entre ser (être) e uno (un) é expresso de maneira inequívoca por Leibniz em uma carta a Arnauld de abril de 1687: "ce qui n'est pas veritablement un estre, n'est pas non plus veritablement un estre.", GP, II, 97.

10. "Porém é necessário saber que, em realidade, o agregado infinito nem é um todo nem é dotado de magnitude, não consta de número.", Leibniz, G.W., *Obras Filosóficas y Científicas*, vol. 14, Editorial Comares, Granada. 2007, p.172. Texto latino: GP, II, 304.

11. "Falando com precisão, é necessário acrescentar que em vez de falar de número infinito haveria que dizer que há muitas coisas que não se podem expressar por nenhum número.", op. cit., p.172. Texto latino: GP, II, 304.

12. "Só o infinito absoluto e indivisível tem verdadeira unidade, a saber: Deus.", op. cit., p.172. Texto latino: GP, II, 305.

dos diferentes tipos de infinitos. Nessa passagem, ele afirma que podemos reconhecer quatro tipos de infinitos:

Há um infinito sincategoremático, isto é a potência passiva que tem partes, portanto a possibilidade ulterior de uma progressão dividindo, multiplicando, subtraindo ou adicionando. E também *há um infinito hipercategoremático,* ou infinito potestativo, uma potência ativa que tem em si partes eminentemente, mas não formalmente ou atualmente. Este infinito é o próprio Deus. Mas não *há um infinito categoremático,* ou seja, um infinito que tenha em ato infinitas partes formalmente.

Há também um infinito atual no modo de um todo distributivo, mas não coletivo. Assim, algo pode ser dito sobre todos os números, embora não coletivamente. Desse modo, pode ser dito que para cada número par há um número ímpar correspondente, e vice-versa; mas não é, contudo, acurado dizer que há uma igual quantidade de números pares e de ímpares.[13]

Essa tipologização empregada por Leibniz é extremamente complexa e algo enganosa. Basta corrermos os olhos por essa passagem da carta de Leibniz para nos darmos conta que a classificação dos diversos tipos de infinitos ali proposta envolve diferentes conjuntos de conceitos cujo sentido, alcance e eventuais entrecruzamentos não se encontram de maneira alguma esclarecidos na superfície do texto.

Os três primeiros tipos de infinito são nomeados a partir do apelo a uma doutrina lógico-linguística medieval acerca de diferentes usos dos termos. Trata-se da diferenciação entre um uso sincategoremático e um uso categoremático do termo "infinito"[14], à qual Leibniz, contudo, acrescenta uma terceira possibilidade, relativa a um pretenso uso hipercategoremático. A dificuldade de compreensão aqui reside não apenas no idiossincrático acréscimo de uma terceira categoria a uma classificação que apenas parecia fazer sentido sendo dual, mas sim também na maneira singular pela qual

13. Op. cit., p.186. Texto latino: GP, II, 314-315.

14. Para um tratamento mais ampliado dessa diferenciação ver meu artigo: "Sobre o uso categoremático e o uso sincategoremático do termo 'infinitos' em Guilherme de Sherwood", *Prometheus* (no prelo)

esses três diferentes tipos de infinitos são esclarecidos. O infinito sincategoremático é dito ser uma potência passiva com partes, as quais podem ser indefinidamente produzidas através de processos sucessivos de divisão/subtração ou de multiplicação/adição. Já o infinito hipercategoremático é caracterizado como uma potência ativa que tem em ato suas partes eminentemente, e não formalmente, enquanto o infinito categoremático é dito ter em ato infinitas partes formalmente. Assim, aparentemente, é a partir da contraposição entre ato e potência e da determinação do modo como determinados todos se relacionam com as suas partes que essa classificação desses três tipos de infinito se consubstancia. Por um lado, ela parece tomar como base diferentes modos de relação entre um todo e suas partes, mas por outro ela envolve a utilização e o entrecruzamento de categorias oriundas de diferentes domínios, sem que fique claro o exato sentido que elas possuem nem os limites de sua aplicação.

Dois pontos me parecem particularmente difíceis nessa passagem: em primeiro lugar, a determinação do que vem a ser mais propriamente o infinito hipercategoremático, visto que ele é caracterizado através do emprego de uma inesperada terceira categoria em uma classificação inicialmente dual; em segundo lugar, parece-me igualmente obscura a relação entre o quarto tipo de infinito e os três primeiros, não ficando exatamente inteligível se o ponto de vista a partir do qual esse quarto tipo é introduzido é o mesmo a partir do qual os três primeiros o são, uma vez que há uma óbvia heterogeneidade na terminologia empregada para o batismo dos três primeiros tipos, de um lado, e do quarto tipo, de outro.

A caracterização desse último tipo de infinito como sendo um "infinito atual no modo do todo distributivo" dá, a meu ver, margem a várias questões. Podemos, por exemplo, nos perguntar acerca dos outros três infinitos, lançando mão do par de conceitos atual X potencial empregado no caso desse quarto infinito, se cada um deles também deve ser igualmente caracterizado como sendo um infinito atual ou como um infinito potencial. Outra questão que pode emergir dessa contraposição entre esse quarto tipo de infinito, de um lado, e os três primeiros, de outro, diz respeito a se essa distinção entre um todo distributivo e um todo coletivo também pode ser empregada para caracterizar algum desses três primeiros tipos de infinito, distinguindo-o, assim, desse quarto tipo. Podemos também, invertendo agora o jogo, questionar se esse quarto infinito se deixa ser classificado como sendo de tipo sincategoremático, hipercategoremático ou categoremático, e, em caso de resposta afirmativa, inquirir o que o distinguiria, então desse outro infinito de mesmo tipo.

Infelizmente, em função da extensão que demandaria, não poderei me ocupar no presente artigo das questões relacionadas à determinação da natureza desse quarto tipo de infinito — infinito atual no modo do todo distributivo —, limitando-me a tratar do segundo tipo de infinito listado, a saber, o infinito hipercategoremático. Devotarei um artigo futuro exclusivamente ao tratamento das dificuldades conceituais relativas a esse quarto tipo de infinito.

*****

Na carta a Des Bosses citada acima, Leibniz caracteriza o infinito divino da seguinte maneira: "Há também um infinito hipercategoremático ou potestativo, uma potência ativa que tem partes, por assim dizer — no sentido eminente, não formalmente ou na realidade. Este infinito é o próprio Deus."

Dizer que o infinito divino é de natureza hipercategoremática significa dizer que Deus é infinito de uma maneira tal que sua compreensão não pode se dar empregando as categorias aristotélicas. A ideia é a de que se encontram na essência divina todas as determinações dos entes, entretanto nem de um modo atual nem de um modo potencial, mas sim de um modo eminente, quer dizer, da maneira como o menos perfeito se encontra contido no mais perfeito, isto é, como uma limitação deste, e não como seu elemento, como uma sua parte. Deus pode ser um todo pleno, que não comporta divisões, exatamente por conter em si eminentemente — e não formalmente ou potencialmente — todas as coisas, como perfeições integrantes de sua essência.[15]

---

15. No parágrafo 9 dos *Princípio da Natureza e da Graça* escreve Leibniz: "Essa substância simples primitiva deve encerrar eminentemente as perfeições contidas nas substâncias derivativas, que são seus efeitos."

Aqui Leibniz parece ter em mente a doutrina escolástica relativa às várias maneiras pelas quais um ser pode estar em outro ser. Segundo essa doutrina, uma coisa está formalmente presente em outra se ela se encontra nessa outra em sua própria forma e natureza. É isso que se quer significar, por exemplo, quando se diz que há calor no fogo. Por outro lado, uma coisa é considerada virtualmente na outra se sua presença na outra é apenas potencial. É nesse sentido que se diz que uma árvore está contida na semente. A inclusão, é eminente, por sua vez, quando, em uma forma superior, não há apenas a perfeição que se afirma estar nela contida, mas também outras perfeições que abrangem e superam todos os efeitos que a coisa contida pode produzir. É dessa maneira que a alma racional contém as almas vegetativa e sensitiva. Usando essa categorização escolástica, Leibniz pode explicar como as perfeições divinas são encontradas em Deus, ou seja, formalmente eminentemente, enquanto as perfeições limitadas das criaturas são eminentemente virtualmente encontradas nele. Leibniz expressa isso em carta a Johann Bernoulli datada de 7 de junho de 1698: "Talvez o infinito real seja o absoluto mesmo, que não se compõe de partes, porém contém por razão eminente e como em seu grau de perfeição a tudo o que contém partes."[16] Assim, o infinito hipercategoremático pode conter praticamente toda a riqueza da multiplicidade das coisas sem que isso tenha que implicar que ele esteja de alguma forma contaminado pela divisibilidade ou que deva ser assumido como tendo partes.

O absoluto simplesmente não pode ser pensado como um todo feito da composição das partes porque, como vimos acima, a soma das partes *ad infinitum* não constitui um todo legítimo no sentido coletivo, apenas no sentido distributivo. É por isso que Leibniz diz que não pode haver infinito categórico. No mundo existem apenas infinitos que não formam um todo coletivo. O verdadeiro infinito, o Absoluto, não consiste em partes reais nem potenciais. O intelecto divino representa aquilo que não está nem formal nem potencialmente presente na essência divina, a saber, as imperfeições dos seres criados.

16. Leibniz, G.W., *Die mathematischen Schriften,* 7 Bände, Herausgegeben von C. I. Gerhardt. Olms: Hildesheim, 1971, Bd. 3, S. 500

Nas observações escritas por volta de 1697 sobre os Ensaios de Locke, Leibniz afirma que somente o absoluto existe no verdadeiro infinito. Ele escreve: "o verdadeiro infinito não se encontra em um todo feito de partes. Mas não falha em outro lugar, a saber, no Absoluto, que é sem partes, e que age sobre as coisas compostas porque elas resultam da limitação do Absoluto. Portanto, como o infinito positivo nada mais é do que o Absoluto, pode-se dizer que nesse sentido há uma concepção positiva do infinito e que precede a do finito."[17]

Encontramos uma caracterização adicional do infinito hipercategoremático — isto é, de Deus — na carta a des Bosses. Ela também é descrita como uma força ativa. A noção de força ativa é aqui introduzida em franco contraste com a de força passiva atribuída ao infinito sincategoremático. A oposição entre atividade e passividade neste contexto diz respeito à base do infinito atribuída aos entes. Assim, Deus é poder ativo porque é infinito em natureza, enquanto o que não é infinito em essência, mas infinito em causa, é dito poder passivo.

Assim, as reflexões de Leibniz sobre os diferentes tipos de infinitos deixam claro que a maneira como se diz que Deus é infinito é bem diferente da maneira como a criação pode ser infinita. No texto *Deus não é a alma do mundo*, escrito na década de 1680, Leibniz se expressa inequivocamente a esse respeito: "O infinito em número e magnitude não é um nem um todo; somente o infinito em perfeição é um e um todo"[18]. Isso significa que o infinito qualitativo sozinho representa um infinito verdadeiro e positivo, enquanto os infinitos quantitativos são apenas figurativamente infinitos.

17. GP, V, 17.

18. Leibniz, *Sämtliche Schriften und Briefe*, herausgegeben von der Preussischen bzw. der Deutschen Akademie der Wissenschaften zu Berlin, Reihe VI, Band 4, 1492.

Referências bibliográficas

Antognazza, M., "The Hypercategorematic Infinite", *The Leibniz Review*, 25, 2015, 5-30.

Arthur, R.T.W., "Leibniz's Actual Infinite in Relation to His Analysis of Matter", in Goethe, N.B. et. Al. (eds.), *G.W. Leibniz, Interrelations between Mathematics and Philosophy*, Springer, 2015, 137-156.

Arthur, R.T.W., "Leibniz's syncategorematic actual infinite", in Nachtomy, O. & Winegar, R. (eds.), *Infinity in Early Modern Philosophy*, Springer, 155-179, 2019.

Bosinelli, F.C., "Über Leibniz' Unendlichkeitstheorie", *Studia Leibnitiana*, 23, 1991, 151-169.

Brown, G., "Leibniz on Wholes, Unities, and Infinite Number", *The Leibniz Review*, 10, 2000, 21-51.

Harmer, A., "Leibniz on infinite numbers, infinite wholes, and composite substances", *British Journal for the History of Philosophy*, vol. 22, n. 2, 236-259, 2014.

Leibniz, G.W., Der Briefwechsel mit Bartholomäus des Bosses, Felix Meiner, 2007.

Leibniz, G. W., *Die philosophischen Schriften*, 7 Bände. Herausgegeben von C. I. Gerhardt. Olms: Hildesheim, 1962.

Leibniz, G.W., Hauptschriften zur Grundlegung der Philosophie, 2 Bände, Felix Meiner, Hamburg, 1996.

Leibniz, G. W., *The Leibniz-Des Bosses Correspondence*. Translated and edited by Brandon Look and Donald Rutherford. New Haven and London: Yale University Press, 2007.

Leibniz, G.W. & Kurfürstin Sophie von Hannover, *Briefwechsel*, Wallstein Verlag, Göttingen, 2017.

Leibniz, *Sämtliche Schriften und Briefe*, herausgegeben von der Preussischen bzw. der Deutschen Akademie der Wissenschaften zu Berlin, Reihe VI, Band 4, Berlin, 1999.

Kirchhoff, R., *Die Syncategoremata des William of Sherwood*, Brill, Leiden/Boston, 2008.

Marques, E., "Sobre o uso categoremático e o uso sincategoremático do termo 'infinitos' em Guilherme de Sherwood", *Prometheus* (no prelo)

Sherwood, W., *Synkategoremata*, Felix Meiner, Hamburg, 2012.

Uckelman, S. "The logic of categorematic and syncategorematic infinity", *Synthese*, 192(8), 2015, 2361-2377.

Infinitude, reflexão, finitude: A crítica de Fichte a Espinosa dos anos 1794/5 e 1801/2

Yady Oren
(Potsdam Universität)

Desde a querela do panteísmo nos anos 1780, a discussão sobre a filosofia de Espinosa tornou-se central para a geração pós-kantiana. A filosofia de Espinosa se tornou tanto fonte de inspiração como também alvo da crítica. Dentre outros pontos, Espinosa foi repetidamente criticado pela falta de uma passagem sistemática da infinitude para a finitude. Encontramos essa crítica em Jacobi, que em 1789 afirma que Espinosa "descartou qualquer passagem do infinito ao finito".[1] Em 1796, Schelling afirma que "não havia em seu sistema nenhuma passagem do infinito ao finito".[2] Encontramos uma crítica semelhante mais tarde também em Hegel, que em 1812 afirma que "em Parmênides tal como em Espinosa não se deve

1. Friedrich Heinrich Jacobi, *Werke, Vol. 1: Schriften zum Spinozastreit*, Stuttgart-Bad Cannstatt 1998, p. 56. Sobre a influência de Jacobi sobre Fichte neste contexto, ver: Marco Ivaldo. „Transzendentalphilosophie und „realistische" Metaphisik: Das Fichtesche Spinoza-Verständnis", in: Manfred Walter (ed.) *Spinoza und der deutsche Idealismus*, Würzburg 1991, p. 61.

2. Friedrich Wilhelm Joseph Schelling, *Ideen zu einer Philosophie der Natur*, Berlin 2016, p. 30.

ter progredido do ser ou da substância absoluta até o negativo, o finito".[3] Para se alcançar a finitude a partir da infinitude, segundo Hegel, Espinosa precisaria de um novo começo absoluto, que não é mais a infinitude.

Frequentemente, Fichte, em seus escritos, compara seu sistema com o de Espinosa. Ele considera Espinosa como o ultimíssimo defensor do dogmatismo, que projeta um sistema objetivo enquanto descarta o papel do sujeito e do eu. Ao contrário, o criticismo, segundo Fichte, não apenas leva em conta a perspectiva subjetiva, mas também reconhece o elemento absoluto dentro da subjetividade. Em concordância, Fichte afirma no período de Jena que, ao passo que Espinosa apreende o absoluto dogmaticamente como objeto ou coisa, sua própria proposta crítica o trata como um eu absoluto ou sujeito absoluto.[4] A princípio parece, portanto, que o conceito espinosano do absoluto seria completamente oposto ao fichteano. No entanto, na *Doutrina da ciência* de 1801/2 Fichte afirma que ele e Espinosa formulam o absoluto em conceitos semelhantes. No lugar da diferença entre o absoluto como coisa ou como Eu, Fichte afirma agora que ambos os sistemas têm "uma substância absoluta". Essa substância absoluta, assim ele afirma, pode ser descrita em ambos os sistemas "através de um puro pensar".[5] Fichte observa que ele ignora o fato de que Espinosa separe o absoluto em dois atributos, extensão e pensamento, e que também enxergue o absoluto como um corpo material. A ignorância visa a uma outra diferença, que Fichte apreende como fundamental. Essa diferença mais fundamental, ele escreve, não jaz na caracterização do absoluto. A diferença é antes "o ponto de

---

3. Georg Wilhelm Friedrich Hegel, *Werke in zwanzig Bände, vol. 5, Wissenschaft der Logik*, Frankfurt am Main 1976, p. 98.

4. Johann Gottlieb Fichte, *Grundlage der gesamten Wissenschaftslehre*, in: Hans Jacob und Reinhard Lauth (Hrsg.), *Gesamtausgabe I/2*, Stuttgart-Bad Cannstatt 1965 (=GA I/2), p. 279: "Nisto consiste então a essência da filosofia crítica, que um eu absoluto seja exposto como simplesmente incondicionado e determinável por nada mais alto [...] Contrariamente, é dogmática a filosofia que iguala ou opõe algo ao Eu em si; e isso acontece no conceito da coisa, que deve ser mais elevado (Ens) [...] Na medida em que o dogmatismo pode ser consequente, o espinosismo é seu produto mais consequente." Cf. também: Fichte, *GA I/2*, p. 263.

5. Johann Gottlieb Fichte, *Darstellung der Wissenschaftslehre. Aus den Jahren 1801/2*, in: Hans Gliwitzkz und Reinhard Lauth (ed.), *Gesamtausgabe, Vol. II/6*, Stuttgart-Bad Cannstatt 1983 (=GA II/6), pp. 227-229.

passagem da *substans* para o *accidens*". Semelhantemente a Jacobi, Schelling e Hegel, Fichte explica que essa é a passagem faltante do saber infinito para o saber finito.[6] Parece, portanto, que ele em sua crítica de 1801/2 não mais afirmava que o conceito do absoluto seria diferente [do espinosano], mas semelhante. A diferença consistiria na passagem do absoluto infinito para a finitude. Mediante esse deslocamento, a questão se coloca: se a diferença entre ambas as críticas a Espinosa pode ser tomada como prova, como alguns pesquisadores afirmam, de que Fichte teria alterado em sua filosofia tardia seu conceito do absoluto.[7]

A seguir, tratarei dessa questão no que se refere à passagem da infinitude para a finitude e no que se refere à crítica de Fichte a Espinosa. Argumentarei que não há prova alguma para uma tal alteração nas perspectivas de Fichte. Percorrerei as explicações de Fichte tanto na *Doutrina da ciência* de 1794/5 como também na de 1801/2 e me concentrarei em dois pontos principais: primeiro, como Fichte compreende a passagem da infinitude para a finitude; segundo, como ele formula sua crítica a Espinosa e, com isso, a diferença entre a filosofia de Espinosa e sua própria filosofia. Detalharei que ambos os textos de Fichte, embora pareçam defender uma proposta diferente, consistem numa mesma base. Em ambas as versões da *Doutrina da ciência* é a reflexão que apresenta a passagem entre infinitude e finitude, e em ambas Espinosa é criticado pela falta do elemento da reflexão. Em ambas as versões a reflexão é uma parte imanente, inseparável do próprio absoluto, independentemente se ele é chamado de Eu absoluto ou de saber absoluto. Para atingir tal objetivo, reconstruirei a princípio a discussão no §5 da *Doutrina da ciência* de 1794/5, em seguida, a discussão dos anos 1801/2 e, por fim, compararei ambas as apresentações.

---

6. Fichte, *GA II/6*, p. 228.

7. Para uma discussão completa sobre a assim chamada "doutrina alterada" cf.: Peter L. Oesterreich und Hartmut Traub, *Der Ganze Fichte: Die Populäre, Wissenschaftliche Und Metaphilosophische Erschliessung Der Welt*, Stuttgart 2006, p. 109. Sobre a *Wissenschaftslehre* de 1801/2 cf. em particular: Wolfgang Janke, *Sein und Reflexion: Grundlagen der kritischen Vernunft*, Berlin 1970, p. 208-209.

1. *Infinitude e finitude no § 5 do* Fundamento de toda a doutrina da ciência

O problema da passagem da infinitude à finitude é tratado sobretudo no § 5 da *Doutrina* da *Ciência* de 1794/5. Lá, trata-se do problema da passagem do primeiro princípio da *Doutrina* da *Ciência*, no qual o Eu se põe a si mesmo, para o segundo princípio, no qual o Eu põe o Não-Eu. Para compreender o problema e sua solução, devemos primeiro levar em consideração a maneira como Fichte formula os dois primeiros princípios da *Doutrina* da *Ciência* de 1794/5 e a maneira como infinitude e finitude são integradas.

Fichte caracteriza o Eu absoluto do §1 da *Doutrina* da *Ciência* como infinito. Tal como ele esclarece no começo deste parágrafo, o conceito do Eu absoluto é um resultado da abstração. Para se alcançar o primeiro princípio absoluto da consciência, segundo Fichte, o filósofo faz abstração de todo e qualquer fator, até que alcança o elemento do qual não se pode mais abstrair nada. O filósofo deveria abstrair de todo e qualquer objeto, de todo e qualquer Não-Eu, ao qual nossa consciência se direciona intencionalmente. Esse processo da abstração dura, segundo Fichte, "tanto quanto sobra aquilo que simplesmente não se deixa dispensar e de que não se pode mais retirar nada".[8] A argumentação no §1 busca encontrar o elemento da certeza. Para tal finalidade, Fichte escolhe uma determinada proposição que é certa: a proposição da identidade (A=A). Através da abstração e da reflexão, ele busca encontrar o próprio elemento da certeza. A investigação chega à conclusão de que esse elemento é a *Tathandlung*[9] ou o Eu

---

8. Fichte, *GA I/2*, p. 256.

9. O termo *Tathandlung* é de difícil tradução. Rubens Rodrigues Torres Filho opta por 'estado-de-ação' (Fichte, J. G. *A doutrina-da-ciência de 1794 e outros escritos*. 2ed. São Paulo: Abril Cultural, 1984, p. 43). Joãosinho Beckenkamp traduz por 'ato' (Beckenkamp, J. *Entre Kant e Hegel*. Porto Alegre: ediPUC-RS, 2004, p. 100). Peter Heath e John Lachs empregam '*act*' (Fichte, *The Science of Knowledge*, Cam-bridge University Press, 1982, p. 99). Daniel Breazeale, no verbete "Johann Gottlieb Fichte", da *Stanford Encyclopedia of Philosophy*, sugere '*fact/act*' para traduzir para o inglês o vocábulo alemão. Gabriel Valladão Silva usa '(f)ato'

absoluto enquanto pura atividade. Essa atividade é o primeiro princípio da *Doutrina da Ciência*, o qual Fichte formula da seguinte maneira numa proposição: "O Eu põe originariamente, simplesmente seu próprio ser".[10] Esse primeiro princípio pressupõe a posição de um Não-Eu, que apenas será posto no segundo princípio. A *Tathandlung* é absoluta no sentido de que ela condiciona qualquer posição de um Não-Eu, e não é condicionada por essa. Que Fichte designe essa atividade como *pura*, isso já implica sua propriedade infinita. Puro, nesse contexto, significa que, à medida em que se abstrai de todo Não-Eu, não resta mais nada que pudesse refrear essa atividade. Essa atividade pura é, em seguida, infinita no sentido de que ela não é bloqueada por nada que a tornasse finita. A capacidade de abstrair de todo objeto, de todo Não-Eu, mostra a independência do Eu e com isso a sua infinitude. No §5, Fichte formula a absolutidade e infinitude do Eu no primeiro princípio da seguinte maneira:

> O Eu [...] deve, segundo todas as suas determinações, ser posto simplesmente por si mesmo, e consequentemente deve ser completamente independente de qualquer Não-Eu possível. Na medida em que o Eu é absoluto, ele é infinito e irrestrito. Tudo o que é, ele o põe; e aquilo que ele não põe, não é. [...] Portanto o Eu, nesse respeito, capta em si tudo, i.e., uma realidade infinita, irrestrita.[11]

A infinitude pertence ao Eu absoluto, que é abstraído de qualquer Não-Eu que limita. A finitude ou limitação é, por oposição, atribuída ao Não-Eu do segundo princípio. Ainda no §5, Fichte designa a ação do Não-Eu como choque/obstáculo/travo (*Anstoß*). O choque é o refreamento da atividade e, com isso, o conceito que expressa a finitude. Fichte enfatiza que esse choque não é qualquer fator exterior que limita o Eu de fora. Tudo

(Asmuth, *Pensar o passado e o passado do pensar: ensaios para uma história da filosofia filosófica*, no prelo). Preferimos aqui manter no original. (N. do T.).

10. Fichte, *GA I/2*, p. 261.

11. Fichte, *GA I/2*, p. 392.

que é posto é posto no Eu, e assim a limitação do Eu será posta pelo Eu e no Eu. É o Eu que põe o choque que faz do Eu algo limitado. Infinitude e finitude são, portanto, ambos conceitos que o Eu se põe. Além disso, Fichte descreve a infinitude e finitude do Eu como duas proposições opostas: "A primeira: o Eu se põe a si simplesmente como *infinito* e *irrestrito*. A segunda: o Eu se põe a si simplesmente como *finito* e *restrito*".[12] Infinitude e finitude são evidentemente opostas uma à outra, e se se atribui ambas ao Eu, dá-se necessariamente uma contradição. Dado que tanto a infinitude quanto a finitude são posições do Eu, Fichte chama isso de uma "contradição na essência do próprio Eu".[13]

Essa contradição é o problema que deve ser resolvido nesse mesmo parágrafo. Por aproximar-se duas vezes dessa contradição, Fichte aplica no §5 dois métodos distintos, o apagógico e o genético. O método apagógico segue a exigência de que a unidade do eu precisa ser conservada. A investigação avança segundo a regra de que algumas assunções precisam ser aceitas para que a unidade do Eu não seja dissolvida. Nos concentraremos aqui no método genético, que é mais curto e mais claro. O método genético busca, tal como seu nome já diz, mostrar como os conceitos são como que produzidos ou gerados uns dos outros. Isso significa que tanto a infinitude quanto a finitude hão de ser deduzidas do conceito do Eu. Veremos que essa dedução tem, na filosofia de Fichte, um significado peculiar, que frequentemente é mal compreendido. Tal como vimos acima, a infinitude do Eu é sua atividade pura. A finalidade da investigação é, portanto, encontrar como a finitude é deduzida a partir desse Eu infinito. Dado que infinitude e finitude são conceitos que se contradizem, a dedução deve, segundo Fichte, suceder por meio de um conceito-mediador.[14] Esse conceito-mediador deve possibilitar a passagem entre esses conceitos opostos. Para se poder deduzir

12. Id.

13. Ibid.

14. Fichte, *GA I/2*, p. 392: "O conflito é, de acordo com isso, entre o próprio Eu naquelas duas perspectivas distintas dele mesmo. Elas são o que se contradiz; dentre elas é que será preciso encontrar uma mediação."

a finitude a partir da infinitude é preciso que o Eu infinito contenha um fator que possibilite a passagem para a finitude. Como Fichte entende essa passagem, é o que mostra a seguinte citação, na qual ele escreve, no que concerne ao Eu infinito, que:

> *se* algo diverso deve ocorrer nele, esse algo diverso precisaria ser posto por um Não-Eu. Se, porém, o Não-Eu deve poder pôr qualquer coisa no Eu, *então é preciso que a condição de possibilidade de uma tal influência exterior* seja previamente fundada *no próprio Eu, no Eu absoluto,* antes de qualquer influência efetiva externa.[15]

O Não-Eu é, portanto, a finitude real, que limita o Eu. Para deduzir a finitude real, sua possibilidade deve primeiro ser deduzida. Para que o Eu possa ser limitado, é preciso que ele tenha a condição para a possibilidade dessa limitação. Essa condição é, de novo, o ponto de passagem entre a infinitude (Eu) e a finitude real (Choque).

Na medida em que o ponto de passagem entre o Eu infinito e a finitude é entendido como "condição de possibilidade", serão refutadas algumas outras concepções sobre essa passagem, que algumas vezes são atribuídas falsamente a Fichte. Essa passagem, que se pode chamar de transcendental, não é ontológica. Ele não se refere à criação do Não-Eu pelo Eu. Tampouco se refere a uma versão de uma emanação neoplatônica, na qual o Eu se volta a si mesmo e assim dá lugar ao Não-Eu. No entanto, alguns pesquisadores interpretaram Fichte de fato nesse sentido.[16] Fichte, porém, enfatiza que o fato de que o choque limita o Eu não pode ser deduzido do próprio Eu.[17] Ele não busca deduzir do Eu a influência real do Não-Eu, mas apenas identificar as condições de possibilidade de uma tal influência do Não-Eu sobre o Eu. Essa passagem também não é lógica, no sentido de que, através

---

15. Fichte, *GA I/2*, p. 405.

16. S. Kuno Fischer, *Fichte und seine Vorgänger*, Heidelberg 1890, p. 488; Georges Gurvitch, *Fichtes System Der Konkreten Ethik*, Tübingen 1924, p. 86.

17. Cf. Fichte, *GA I/2*, p. 408.

de uma tal análise do conceito do Eu, descobriríamos que ele contém o conceito do Não-Eu como parte imanente, inseparável do próprio Eu. A passagem discutida por Fichte não é, portanto, nem ontológica nem lógica, mas transcendental. A passagem transcendental consiste na afirmação de que "*a condição de possibilidade de uma tal influência externa no próprio Eu* [...] precisa ser fundada." A possibilidade, e não a realidade, dessa influência externa precisa repousar no próprio Eu.

Depois que explicamos o que Fichte tem em mente com o problema da passagem, e de que maneira ele pretende deduzir a finitude a partir da infinitude, pretendemos agora nos voltar para sua solução. Para tanto, Fichte caracteriza a diferença entre ambos os lados dessa passagem, i.e., a diferença entre o Eu infinito e a finitude. Ele formula essa diferença referindo-se ao conceito da unidade. O Eu infinito, tal como descrito no §1 do *Fundamentos*, é uma identidade de Eu=Eu. Lá, ele é descrito como uma unidade simples sem diferença. No §5, contudo, Fichte o descreve como "um ponto matemático que se constitui a si mesmo por meio de si mesmo".[18] Um ponto refere-se a uma unidade simples; o Eu é portanto um ponto "no qual [...] em geral não há nada a diferenciar".[19] Limitação e finitude, ao contrário, são o oposto da identidade: ambas formam o princípio da oposição ou da diferença. Dado que aqui se trata da passagem transcendental da infinitude à finitude, a tarefa consiste em encontrar dentro do Eu infinito um elemento que possibilite não a finitude factual, mas a possibilidade da finitude dentro da infinitude.

Fichte define esse elemento de maneira gradual. Em primeiro lugar, o Eu infinito é uma identidade pura ou uma unidade simples. Para poder ser influenciado por algo exterior, é preciso que ele contenha diferença ou heterogeneidade: "O Eu deve encontrar em si algo heterogêneo, estranho, diferente de si próprio".[20] Diferença é a primeira caracterização do conceito mediador que deve possibilitar a passagem entre a infinitude e a finitude. Diferença, com isso, ainda não é choque, ela não é a própria limitação, que

18. Fichte, *GA I/2*, p. 406.
19. Ebd.
20. Fichte, *GA I/2*, p. 405.

refreia a infinitude e conduz à finitude. A atividade infinita do Eu deve conter, portanto, diferença ou heterogeneidade, mas sem ser refreada. A questão é: como pode a infinitude incluir a diferença sem incluir a finitude? A resposta a essa pergunta deveria diferenciar entre finitude e diferença. Fichte resolve essa questão através do conceito da *direção* (*Richtung*):

> A essência do Eu consiste em sua atividade; sendo assim, se se deve também atribuir aquele heterogêneo ao Eu, então ele precisa ser em geral uma atividade do Eu que, enquanto tal, não pode ser estranha, mas cuja mera *direção* talvez seja estrangeira, fundada não no Eu, mas fora do Eu.[21]

Direção designa a diferença dentro da infinitude. A atividade infinita do Eu tem duas direções. A diferença não refreia ou limita a atividade, mas apenas a classifica. Ela diferencia, dentro da atividade infinita, entre a atividade que se volta para fora e a atividade que se volta para dentro. A direção é, portanto, a segunda caracterização do conceito mediador entre a infinitude e a finitude. Para caracterizar essas direções, Fichte toma de empréstimo conceitos da física: a mesma atividade do Eu absoluto é designada como centrífuga, se ela representa o ser, e como centrípeta, se ela reflete sobre o ser.

Para explicar por que o Eu tem uma diferença entre duas direções e para que a passagem da infinitude à finitude seja fundamentada, Fichte aponta para uma visada, para ele central, da filosofia transcendental, que a diferencia do dogmatismo. Nesse ponto é que podemos nos voltar para a crítica a Espinosa mencionada no início. A filosofia dogmática, segundo Fichte, considera o absoluto como um objeto. Isso significa que ele, tal como qualquer objeto, tem um ser, mas não um ser para si mesmo. A reflexão é exterior e vem de uma inteligência que reflete de fora sobre ele, vem do filósofo (p.ex. Espinosa), que identifica o absoluto. A filosofia transcendental, ao contrário, é transcendental no sentido de que ela leva em conta a fonte da reflexão e a compreende como inseparável do objeto.

21. Id.

Isso significa que ela, em qualquer uma de suas investigações, reconhece não apenas o objeto observado, mas também a observação. Ao considerar um objeto, a filosofia transcendental conhece que a fonte da reflexão é um observador externo, que reflete sobre o objeto, o que, porém, não é o caso no que se refere ao Eu: "O Eu não deve apenas pôr a si mesmo para uma qualquer inteligência fora dele, mas ele deve se pôr *para si mesmo*".[22] A fonte da reflexão é o próprio Eu. Em oposição a um objeto, o Eu tem tanto ser quanto ser para si mesmo. Quando Fichte afirma que o Eu absoluto seria um Eu, com isso ele afirma que ele seria tanto o observado como também a fonte da observação. O filósofo não reflete de fora sobre o Eu absoluto. O filósofo é um Eu, e enquanto Eu o filósofo tem tanto ser quanto reflexão. Ser e reflexão são, portanto, a base de ambas as direções da atividade do Eu, tal como Fichte escreve:

> Sendo assim, se é certo que o Eu é um Eu, ele precisa, incondicionalmente e sem qualquer fundamento, ter em si o princípio de refletir sobre si mesmo; e assim temos originariamente o Eu em dupla perspectiva, em parte, na medida em que ele está refletindo e neste aspecto a direção de sua atividade é centrípeta; em outra parte, na medida em que ele é aquele sobre o qual se reflete, e nesse aspecto a direção de sua atividade é centrífuga, e de fato centrífuga ao infinito afora.[23]

Para sanar o mal-entendido de que o Eu primeiro existe e apenas num segundo passo se volta a si mesmo e se torna consciente de si, Fichte enfatiza que ambas as direções estão fundamentadas de maneira semelhante na essência do Eu.[24] A essência do Eu se refere ao Eu absoluto antes da influência do Não-Eu. A reflexão é, portanto, uma parte inseparável da essência do Eu. A reflexão é o elemento que introduz a diferença (*Unterschied*) no Eu

22. Fichte, *GA I/2*, p. 406.

23. Fichte, *GA I/2*, S. 406-407.

24. Cf. Fichte, *GA I/2*, p. 407: "Sendo assim, ambas as direções da atividade, centrípeta e centrífuga, estão fundadas de igual maneira na essência do Eu."

e assim constitui a diferença (*Differenz*) entre ambas as direções dentro do Eu absoluto. As direções centrífuga e centrípeta devem, de sua parte, constituir o ponto de passagem entre a atividade infinita e a finitude, pois essa diferença deve ser a condição para a possibilidade da influência do Não-Eu. Como ambas as direções possibilitam essa influência e com isso a passagem da infinitude à finitude?

A diferença dentro do Eu infinito de fato não limita o infinito, no entanto, o altera. Fichte explica que por meio da reflexão centrípeta sobre o Eu, o infinito se torna de algo qualitativo em algo quantitativo. Ele descreve a direção centrípeta como reflexão sobre o Eu a fim de verificar se ele contém a realidade inteira. A reflexão do Eu em si mesmo possibilita a partição quantitativa do Eu:

> O Eu é posto como realidade, e na medida em que se reflete se ele teria realidade, ele necessariamente é posto como *algo*, como um quantum; ele é, porém, posto como toda a realidade, com isso ele é necessariamente posto como um quantum infinito, como um quantum que preenche a infinitude.[25]

Em oposição à qualidade, a quantidade é divisível. A virada desde a infinitude qualitativa para a quantitativa possibilita a partição/divisão do Eu. A divisibilidade por sua vez já tem o potencial da limitação e constitui, com isso, a condição de possibilidade da limitação. A divisibilidade do Eu possibilita que ele permaneça "quase que mantido aberto para um outro pôr."[26] Através da diferença entre duas direções, o ser e a reflexão, o Eu pode pôr-se como limitado. A introdução da diferença na infinitude possibilita a divisão/partição. Com isso, partimos paulatinamente da mais alta abstração,

---

25. Fichte, *GA I/2*, p. 407.

26. Cf. Wolfgang Class e Alois K. Soller. *Kommentar zu Fichtes Grundlage der gesamten Wissenschaftslehre*. Amsterdam 2004, p. 402: "Como quantum, o Eu é restringível. Ele se torna disponível para uma negação. Ele como que 'se abre' ao Não-Eu". A divisibilidade é reconhecidamente o terceiro princípio da DC de 1794/5. Tal como a discussão aqui mostra, os três princípios se demonstram no §5 como vinculadas mais intimamente umas com as outras do que se dava a ver nos primeiros três parágrafos. Os três são parte integral, inseparável, do Eu absoluto.

o Eu como atividade pura, que é a infinitude qualitativa, e descemos rumo ao Eu que contém a diferença e, com isso, uma infinitude quantitativa. Essa passagem é possível através da reflexão, i.e., a direção centrípeta, que diferencia o Eu de um objeto e diferencia a filosofia transcendental da dogmática. Depois que explicamos o ponto de passagem, podemos nos voltar agora à finitude, cuja passagem é possível através da reflexão: o choque. Ele, como seu nome já diz, é o limite da atividade infinita, tal como escreve Fichte:

> Agora, porém, a atividade do Eu, que escapa ao infinito, deve ser em um qualquer ponto confrontada e impelida de volta a si mesma; e o Eu, sendo assim, não deve preencher a infinitude. *Que* isso aconteça, enquanto um fato, não se deixa deduzir do Eu simplesmente, tal como foi lembrado várias vezes; ainda assim, pode-se apresentar que seria preciso que isso acontecesse, *se* uma consciência efetiva deve ser possível.[27]

O choque é necessário para que o Eu venha a ter "consciência efetiva". O Eu se torna consciente de si mesmo na medida em que se torna consciente de si em oposição a algo outro e alheio a ele, um Não-Eu. É a limitação do Eu que possibilita sua consciência de si. Com outras palavras, o choque que possibilita ao eu diferenciar entre sua direção centrífuga e centrípeta. Tão logo a atividade centrífuga infinita é refreada pelo choque, faz-se possível diferenciar entre a direção centrífuga, que foi refreada, e a direção centrípeta, que reflete a primeira. Sem o choque, ambas as direções são apenas potencialmente. O choque realiza essa diferença.[28] O fato do choque não é dedutível, mas deduzimos a condição de possibilidade de sua influência por meio da diferença no interior da infinitude. A relação entre infinitude, diferença e finitude mostra-se como complexa e recíproca. De um lado, a finitude só pode influenciar a infinitude porque a infinitude já inclui a diferença. Por outro, essa diferença entre ambas as atividades infinitas do eu só pode ser identificada através da influência do choque, que bloqueia

27. Fichte, *GA I/2*, p. 408.
28. Fichte, *GA I/2*, p. 407.

a direção centrífuga. É através dessa complexidade que Fichte explica a passagem transcendental da infinitude à finitude.

Na conclusão do §5 da *Doutrina da Ciência*, a passagem da infinitude à finitude é conceitualizada paulatinamente através de conceitos como diferença, heterogeneidade e direções opostas (centrífuga e centrípeta). O elemento que possibilita essa passagem é a reflexão. A reflexão é o elemento que diferencia entre um Eu e seu objeto. A reflexão centrípeta delimita o Eu em face de um objeto. Expresso de maneira mais geral, a reflexão diferencia entre as filosofias dogmática e transcendental. A filosofia transcendental leva em conta se a fonte da reflexão é interior ou exterior, e deste modo ela se aproxima do objeto (*Gegenstand*). A filosofia dogmática, cujo último defensor é Espinosa, segundo Fichte, deixa a reflexão fora do foco e assim não está em condições de conhecer a estrutura dúplice do absoluto ou do Eu. O conhecimento de que a reflexão é uma parte imanente do Eu absoluto ou da essência do Eu possibilita a influência do Não-Eu sobre o Eu. Daí que a reflexão, que faz do absoluto um Eu absoluto em vez de um objeto (*Objekt*) absoluto, é o que possibilita a passagem do infinito ao finito. Com essa conclusão podemos nos direcionar à *Doutrina da Ciência* de 1801/2.

2. *A passagem da infinitude à finitude na* Doutrina da Ciência *de 1801/2*

Para entendermos a crítica de Fichte a Espinosa no que se refere à passagem da infinitude à finitude na *Doutrina da Ciência* de 1801/2, devemos, em primeiro lugar, investigar como Fichte concebe aqui infinitude e finitude. Em oposição ao § 5 da *Doutrina da Ciência* de 1794/5, aqui Fichte usa raramente esses conceitos. Mas ele os põe em contexto com Espinosa.[29] Dado que essa crítica trata da passagem do saber absoluto ao saber finito, abordaremos logo em seguida como Fichte concebe esses conceitos.

29. Cf. p.ex. Fichte, *GA II/8*, pp. 228-229.

A investigação de Fichte em 1801/2, analogamente à da *Doutrina da Ciência* de 1794/5, objetiva encontrar as fontes da evidência: o caractere que relega certeza ao saber e o torna evidente. O saber evidente é, na terminologia de Fichte de 1801/2, saber absoluto. Para se perguntar pelo caráter absoluto do saber, deveríamos primeiro caracterizá-lo. Enquanto Fichte em 1794/5 escolhe um princípio lógico (A=A), aqui ele parte de um princípio geométrico e o analisa, a fim de nele descobrir o saber absoluto. Fichte deixa claro em primeiro lugar que o saber absoluto não jaz no objeto (*Gegenstand*) ao qual nós o referimos.[30] Aquilo que é sabido com certeza ou absolutamente, pode se alterar, mas a certeza desse saber é aquilo que permanece igual. Independente se se trata do conhecimento de uma proposição geométrica ou lógica, a certeza característica do saber é idêntica. Nossa investigação demanda, portanto, que façamos abstração de um conteúdo determinado e nos concentremos no saber desse conteúdo. Para conhecer o saber absoluto, deveríamos nos concentrar no saber em si e não no saber de um algo determinado (*Etwaswissen*). A certeza não repousa no saber intencional de um objeto (*Objekt*), mas no saber pré-intencional que antecede toda intencionalidade e a condiciona.[31] Nas palavras de Fichte, esse saber não está em oposição a algo que é sabido, "ao contrário, ele é oposto ao saber de algo".[32] Trata-se de saber sem algo. Semelhantemente a 1794/5, o saber pré-intencional é uma pura atividade, no sentido de que é depurada de todo objeto (*Objekt*) e, com isso, designa a atividade que precisa estar presente em qualquer saber intencional. No que concerne a Espinosa, Fichte atribui infinitude a seu saber, tal como se mostra a seguir.

Dado que essa atividade não tem nenhum algo ou nenhum objeto (*Objekt*), o saber pré-intencional antecede à dualidade de sabedor/sabido ou sujeito/objeto. Ela apresenta, com isso, uma unidade simples. Como já em 1794/5, Fichte enuncia essa unidade simples como "ponto indivisível", a fim de indicar a absolutidade do conhecimento.[33] A aniquilação da intencionalidade conduz

30. Fichte, *GA II/6*, p. 145.

31. Id.

32. Ibd.

33. Fichte, *GA II/6*, p. 154; ver também pp. 156, 159.

à absolutidade do saber absoluto: saber sem algo que é sabido. Em oposição ao caráter discursivo do saber de um objeto, esse saber puro tem um caráter imediato. Fichte chama-o "ser". Esse caráter não pode ser apreendido através do saber intencional, que contém a mediatidade de sujeito-objeto, mas apenas através da negação da intencionalidade, o que conduz à imediatidade. Fichte descreve essa imediatidade, portanto, com o conceito imediato do *sentimento* (*Gefühl*). A absolutidade do puro saber em um objeto (*Objekt*) não pode ser apreendida através da intencionalidade e da dualidade de sabedor e sabido. Antes, nas palavras de Fichte, ela é concebida como "o sentimento da certeza".[34] Esse sentimento imediato é o primeiro caractere do saber absoluto.

Na etapa seguinte, Fichte convida o leitor a repensar o absoluto alcançado na primeira etapa, e nisso colocar a questão: para quem existe esse absoluto? A quem pertence o olho que observa o absoluto?[35] Esse olho observador não pode estar fora do absoluto, ele argumenta, do contrário o conhecimento absoluto seria dependente desse observador externo. O saber absoluto é absoluto justamente porque ele é independente de qualquer outro elemento, e a dependência suspenderia sua absolutidade. Disso, conclui Fichte: "Mas esse olho não está fora dele [do absoluto], mas é precisamente o interpenetrar-se vivo do próprio absoluto".[36] O olho é que torna o absoluto para si mesmo e não para um observador externo. Do contrário, o absoluto seria apenas observado passivamente e, nesse sentido, um objeto (*Objekt*) sem vida. O olho que observa ativamente é o que concede vida ao saber absoluto. Estes são, portanto, ambos os elementos do absoluto: a atividade pré-intencional e o olho que reflete sobre ela. Se o primeiro saber, pré-intencional, é designado como "Ser", Fichte chama esse segundo componente de "Liberdade" ou "Reflexão".

A semelhança entre essas conceitualizações do absoluto e aquelas de 1794/5 é fácil de reconhecer. Em ambos os casos Fichte conceitualiza primeiro o Eu absoluto ou o saber absoluto como um simples ser, que carece de qualquer diferença ou multiplicidade. Num segundo passo, ele então investiga a fonte

34. Fichte, *GA II/6*, p. 179, 180.
35. Fichte, *GA II/6*, p. 150.
36. Id.

da reflexão que observa o absoluto. Em ambos os casos, Fichte afirma que a reflexão precisa estar no próprio absoluto. É nesse momento que se reconhece o papel da reflexão. Em ambas as versões da *Doutrina da Ciência*, portanto, o absoluto tem dois elementos, o ser e a reflexão. A reflexão não vem de um observador externo, mas pertence ao próprio absoluto. As formulações dessa visada são bastante semelhantes em ambas as concepções. Enquanto Fichte afirma em 1794/5 que a reflexão é "o princípio da vida e da consciência", e que ela pertence à "essência do Eu", em 1801/2 ele descreve a reflexão como "o interpenetrar-se vivo da própria absolutidade". Com essa primeira comparação, direcionemo-nos agora à crítica de Fichte a Espinosa em 1801/2. Para este fim, devemos primeiro percorrer a doutrina de Espinosa que aqui Fichte critica.

Espinosa afirma que a substância infinita é uma unidade que necessariamente é dividida, para o intelecto, em dois atributos, extensão e pensamento. A definição espinosana do atributo é a seguinte: "Por atributo entendo aquilo que o intelecto percebe da substância como constituindo a essência dela."[37] Extensão e pensamento são, de acordo com essa definição, as formas em que o intelecto conceitua a substância. Os comentadores não estão em acordo sobre como essa definição há de ser compreendida no que concerne à relação entre a substância e os atributos. O conflito diz respeito à questão se os atributos são subjetivos ou objetivos. Alguns compreendem os atributos como objetivos, i.e., a divisão é real e pertencente à substância em si, independente da percepção subjetiva.[38] Outros consideram essa cisão como subjetiva, i.e., ambos os atributos são duas formas em que o intelecto percebe a substância, ao passo que a substância em si é uma unidade indivi-dida. Nas palavras de Wolfson: "Ambos os atributos aparecem ao intelecto como diversos um do outro. Na efetividade, porém, eles são um."[39] Wolfson

37. Espinosa, Ética demonstrada à maneira dos geômetras, São Paulo, 2015, p. 45.

38. Sobre ambas as interpretações de Espinosa, cf.: Noa Shein, "The false dichotomy between objective and subjective interpretations of Spinoza's theory of attributes." *British Journal for the History of Philosophy* 17, no. 3 (2009), pp. 505-532.

39. Harry Austryn Wolfson, *The Philosophy of Spinoza, Unfolding the Latent Processes of his Reasoning,* Cambridge 1934, p. 156: "The two attributes appear to the mind as being distinct from each other. In reality, however, they are one."

parte da pergunta se os atributos são relacionais ou reais; se os atributos são criados ou descobertos pelo intelecto.[40]

Em sua crítica a Espinosa, Fichte leva em conta essas interpretações possíveis, tal como se pode ler no que segue:

> Se o ser é dividido simples e necessariamente nessas duas modificações, e não existe de modo algum de outra maneira, então como podes chegar até o pensamento desse ser como uno, e qual verdade tem, então, este teu pensamento? Ou se ele é uno em si, o que afirmas, então de onde [vem] nele a cisão e a *oposição* de um mundo da extensão e do pensamento? Em suma, tu consumas aí, inconscientemente, o que negas em todo o teu sistema, a liberdade formal, o ser e não-ser, a forma fundamental do saber na qual está, para a consciência, a necessidade de uma cisão e infinitude.[41]

A primeira pergunta se refere à interpretação *objetiva* que afirma que seria "o ser necessária e simplesmente cindido nessas modificações". "Ser" se refere à substância. A substância é, nessa concepção, em si mesma necessariamente cindida em dois atributos. A pergunta de Fichte, neste caso, é a seguinte: como poderia Espinosa ter jamais concebido a unidade que, se presume, subjaz a essa dualidade? Se a dualidade dos dois atributos pertence em si à essência da substância, então Espinosa não deveria estar em condições de conceber a unidade que subjaz, para além desses atributos, na essência. Se, porém, Espinosa de fato conhecer a unidade da substância, então Fichte continua: "qual verdade tem então esse teu pensamento?" Espinosa não poderia atribuir verdade alguma a tal pensamento, posto que ele mesmo parte de que essa substância está cindida em sua essência. A segunda pergunta se refere à interpretação *subjetiva*, segundo a qual a substância é

40. Id. p. 146.

41. Fichte, GA II/6, p. 228. Mais detalhes sobre esta citação, cf. Reinhard Lauth, Transzendentale Entwicklungslinien von Descartes bis zu Marx und Dostojewski, Hamburg 1994, pp. 32-34. Cf. também: Fichte, Zu Platners »Philosophischen Aphorismen«, Vorlesungen über Logik und Metaphysik (1794 bis 1802; 1812), in: Hans Gliwitzky, Hans Jacob und Reinhard Lauth (eds.), Gesamtausgabe II/4, Stuttgart-Bad Constant 1976, p. 246.

"em si uma" e a cisão em dois atributos decorre da perspectiva subjetiva. Disso resulta, segundo Fichte, o problema de que o sujeito não tem no sistema de Espinosa nenhum lugar próprio e não pode ser a origem da cisão. Espinosa nega o posicionamento particular da liberdade e da subjetividade, a qual Fichte aqui chama de "a liberdade formal", e por isso a partição nos dois atributos não pode partir do sujeito.

Ambas as perguntas concernem o ponto de passagem entre a infinitude e a finitude. Segundo a interpretação objetiva, a cisão em dois atributos pertence à essência da substância, i.e., a substância é partida e forma, com isso, uma multiplicidade infinita de atributos. Surge assim a pergunta sobre como Espinosa apreende a passagem para a infinitude e como argumentar que a substância, apesar da cisão, é uma e infinita. Seguindo a interpretação subjetiva, a substância em si é uma infinitude individida. A pergunta aponta então para a falta de passagem desde a substância infinita para a finitude dos atributos: se a substância é uma unidade infinita, qual é então a origem dos atributos finitos?

Segundo Fichte, a resposta em ambos os casos repousa na reflexão (da liberdade formal ou da subjetividade), que representa o papel de ponto de passagem entre a substância infinita e a finitude. Se a cisão pertence em si à substância, como afirma a interpretação objetiva, então é a reflexão que permite a Espinosa ou a qualquer outro filósofo perceber a unidade que jaz além da dualidade.[42] Se, ao contrário, a cisão pertence à percepção subjetiva, tal como afirma a interpretação subjetiva, então é a própria reflexão que constitui a cisão, na medida em que ela diferencia entre o objeto (*Objekt*) refletido (extensão) e o pensar reflexionante. Quando Espinosa estabelece que a substância é uma substância que tem dois atributos, isso ele faz mediante a reflexão que ele conduz de forma livre. Para Fichte, essa reflexão

42. Fichte trata essa pergunta em detalhe na *Doutrina da Ciência* de 1801/2. Ele afirma que a reflexão precisa ser aniquilada para se conceber a unidade, a qual repousa em seu próprio fundamento. Cf.: Fichte *GA II/6*, p. 195. Sobre esse tema, cf.: Reinhard Loock, "*Das Schweben des absoluten Wissens: Zur Logik der Einbildungskraft in Fichtes Wissenschaftslehre von 1801/02.*" *Fichte-Studien* 20 (2003), pp. 117-131; Jürgen Stolzenberg, "*Zum Theorem der Selbstvenichtung des absoluten Wissens in Fichtes Wissenschaftslehre von 1801.*" *Fichte-Studien* 17 (2000), pp. 127-140; Christoph Asmuth, *Das Begreifen des Unbegreiflichen: Philosophie und Religion bei Johann Gottlieb Fichte 1800-1806*, Stuttgart 1999, p. 23.

permanece "inconsciente" em Espinosa: Espinosa não teria reconhecido o papel da reflexão em sua própria investigação; ele não estaria consciente de que seu próprio ato de filosofar seria uma parte inseparável da substância observada. Espinosa mostra que ele não tem consciência do papel da reflexão na medida em que ele nega o próprio conceito da liberdade. Esse conceito tem um papel, segundo Fichte, não apenas na filosofia prática, mas também na teórica. A reflexão, que o filósofo exercita por liberdade, possibilita que o absoluto seja concebido tanto em sua unidade e infinitude, quanto em sua multiplicidade e finitude. Depois dessa explicação da crítica a Espinosa, voltemo-nos agora à comparação dessa crítica com aquela de 1794/5.

Conclusão

Em ambas as versões da *Doutrina da Ciência*, o absoluto é formulado em duas etapas: primeiro como um ser sem qualquer diferença, que nesse sentido é infinito. Em seguida, o filósofo leva em conta que o absoluto precisa ser para si mesmo; ele precisa ter em si o olho que reflete sobre si mesmo. A reflexão precisa, portanto, ser um componente integral do conceito do absoluto. A reflexão como parte inseparável do absoluto possibilita a passagem à finitude.

A crítica de Fichte a Espinosa dos anos 1794/5, na qual ele afirma que o absoluto de Espinosa seria uma coisa ou um objeto (*Objekt*), e não um Eu ou um sujeito, refere-se à falha desse segundo componente, i.e., a reflexão. Espinosa deixa fora do foco a fonte da reflexão e não leva em conta se ela provém da própria substância ou de um observador externo como o filósofo que observa. Nesse sentido, seu absoluto é uma coisa e não um Eu. Segundo o § 5 do *Fundamento da doutrina da ciência*, a reflexão pertence ao Eu absoluto antes da influência do Não-Eu. A reflexão é que efetiva a diferença no interior do Eu, e essa diferença, por seu turno, possibilita ao Eu estar aberto à influência do Não-Eu. Nesse sentido, a reflexão possibilita a passagem entre o Eu absoluto e o Não-Eu e, com isso, apresenta também o ponto de passagem da infinitude à finitude. Nesse sentido, vemos que a crítica a Espinosa formulada em 1801/2, segundo a qual faltaria a seu sistema uma passagem da infinitude à finitude, já estava implicada na *Doutrina da Ciência* de 1794/5. Em 1801/2 Fichte desenvolve ulteriormente esse aspecto do ponto de passagem e afirma que, independentemente se a interpretação de Espinosa seja objetiva ou subjetiva, falta-lhe a passagem da infinitude à finitude. Espinosa descuidou da reflexão, a qual pode penetrar na infinitude e, com isso, constitui a passagem para a finitude.

A reflexão, portanto, é a resposta a ambas as questões que colocamos no início. Ela é tanto o elemento que possibilita a passagem da infinitude à finitude, como também o elemento que falta à filosofia de Espinosa. A reflexão é, segundo Fichte, o ponto de passagem, porque ela é uma parte imanente, inseparável, da infinitude e da finitude. Ela está presente em todas as investigações filosóficas e a capacidade do filósofo é atentar à reflexão; ela o dispõe na condição de passar da infinitude à finitude. Embora a objeção a Espinosa — que faltaria a seu sistema uma passagem da infinitude à finitude — seja comum a todos os filósofos que mencionamos no início, a crítica de Fichte é peculiar em virtude do papel que ele atribui à reflexão. A reflexão não é apenas um conceito mediador entre dois conceitos opostos, como o da infinitude e da finitude. A mediação sucede por meio de um penetrar da reflexão infinitude adentro, e, com isso, também o descobrimento da possibilidade da passagem à finitude. As relações imanentes entre a reflexão e o Eu absoluto ou o saber absoluto são, neste sentido, peculiares a Fichte.

Trad. Fábio Nolasco

Referências bibliográficas

Asmuth, Christoph: *Das Begreifen des Unbegreiflichen: Philosophie und Religion bei Johann Gottlieb Fichte 1800-1806*. Stuttgart, 1999.

Class, Wolfgang, und Alois K. Soller: *Kommentar zu Fichtes Grundlage der gesamten Wissenschaftslehre*. Bonn, 2004.

Fichte, Johann Gottlieb: *Gesamtausgabe der Bayerischen Akademie der Wissenschaften*. Stuttgart, 1962-2012.

Fischer, Kuno: *Fichte und seine Vorgänger*. Heidelberg, 1890.

Gurvitch, Georges: *Fichtes System Der Konkreten Ethik*. Tübingen, 1924.

Hegel, Georg Wilhelm Friedrich: *Werke, vol. 5, Wissenschaft der Logik*. Frankfurt am Main, 1986.

Ivaldo, Marco: „Transzendentalphilosophie und „realistische" Metaphysik: Das Fichtesche Spinoza-Verständnis". In: Manfred Walther (Hrsg.) *Spinoza und der deutsche Idealismus*, Würzburg, 1991, pp. 59-80.

Jacobi, Friedrich Heinrich: *Werke, Band 1: Schriften zum Spinozastreit*. Stuttgart-Bad Cannstatt, 1998.

Janke, Wolfgang: *Fichte: sein und Reflexion-Grundlagen der kritischen Vernunft*. Berlin 1970.

Lauth, Reinhard: *Transzendentale Entwicklungslinien von Descartes bis zu Marx und Dostojewski*. Hamburg, 1994.

Loock, Reinhard: "Das Schweben des absoluten Wissens: Zur Logik der Einbildungskraft in Fichtes Wissenschaftslehre von 1801/02". Fichte-Studien 20 (2003), pp.117-131.

Oesterreich, Peter L. und Traub, Hartmut: *Der Ganze Fichte: Die Populäre, Wissenschaftliche und Metaphilosophische Erschließung Der Welt*. Stuttgart, 2006.

Friedrich Wilhelm Schelling: *Ideen zu einer Philosophie der Natur*. Berlin, 2016.

Shein, Noa: "The false dichotomy between objective and subjective interpretations of Spinoza's theory of attributes". *British Journal for the History of Philosophy* 17, no. 3 (2009), pp. 505-532.

Spinoza, Baruch: *Die Ethik: In geometrischer Weise behandelt in fünf Teilen*. Berlin, 2016.

Stolzenberg, Jürgen: "Zum Theorem der Selbstvernichtung des absoluten Wissens in Fichtes Wissenschaftslehre von 1801." *Fichte-Studien* 17 (2000), pp. 127-140.

Wolfson, Harry Austryn: *The Philosophy of Spinoza, Unfolding the Latent Processes of his Reasoning*. Cambridge, 1934.

A filosofia da Natureza de Johann Erich von Berger em conexão com Fichte e Schelling

Christoph Asmuth
(Augustana-Hochschule Neuendettelsau)

O século XVIII termina com uma inovação filosófica. Uma nova filosofia da natureza atinge o ponto nevrálgico da época. Diferente da filosofia da natureza pré-socrática, que pode ser descrita como uma busca do *arché* por longas distâncias e de modo totalmente artesanal; diferente da filosofia da natureza antiga, que girava em torno de problemas cosmológicos, e finalmente diferente da filosofia da natureza do Iluminismo, cuja reflexão tinha como problema e motivo a natureza das ciências naturais, aquela filosofia da natureza que se estabelece no final do século XVIII determina a natureza enquanto espelho do espírito — e o espírito enquanto espelho da natureza.

Muita coisa pode ter contribuído para que uma nova relação com a natureza na virada dos séculos XVIII e XIX tenha se desenvolvido. Em geral, esta é uma época em que muitas condições culturais e sociais estão sendo reformuladas na Europa. O *Sentimentalismo* e o *Tempestade e Ímpeto*[1] estão alterando o equilíbrio emocional dos seres humanos. No *front* da

1. O autor refere-se aqui aos movimentos literários "*Sentimentalism*" ou "*Empfindsamskeit*" e "*Sturm und Drang*", originados na Inglaterra, França e Alemanha no século XIII em oposição ao Iluminismo e seu racionalismo. (N. da T.)

Revolução Francesa, novas formas de vida em sociedade e no Estado são discutidas, injustiças são denunciadas, convicções obsoletas são criticadas. Surge uma dinâmica social que se destaca do mundo estático-feudal e desafia os indivíduos a sonhos e projetos ousados. A relação com a natureza não fica de fora. Agora é possível conceber a natureza não apenas como o outro do ser humano, não apenas como mero material que deve e precisa ser trabalhado ou pesquisado. A natureza não é mais um mero objeto, objeto das ciências ou objeto das artes mecânicas, objeto do engenheiro. Determinante para esta nova relação com a natureza é a atenção que, pela primeira vez, se dedica ao orgânico e consequentemente à vida, um desenvolvimento que resulta em diversos ensaios para desenvolver uma teoria do organismo. Esta ensina que todos os processos naturais são orgânicos ou podem ser pensados e relacionados aos seres vivos orgânicos. Organismo é um termo que não pode ser facilmente delimitado; ele conecta o universal e o particular. Relações mecânicas, como, por exemplo, entre o choque e o contrachoque, a simples ligação de forças em uma máquina, já não são mais suficientes para descrever os processos do crescimento, da vida e do desenvolvimento. Agora é necessária uma explicação abrangente da vida, da qual, porém, o ser humano não apenas não possa ser excluído, mas na qual ele esteja essencialmente envolvido. O novo pensamento sobre a natureza coloca o ser humano na natureza, podendo e querendo conceber o ser humano espiritual não como um ser não-natural, extranatural, habitando e enraizado em uma esfera diferente do resto da criação.

Na genealogia desta nova filosofia da natureza, encontram-se teorias sistemáticas da unidade, como a de Giordano Bruno ou a de Spinoza. Este último, com a sua *Ética, ordine geometrico demonstrata,* talvez tenha tido a maior influência sobre os novos filósofos da natureza. Mas também Leibniz não pode ser aqui esquecido. Ao mesmo tempo, surge um renascimento, ou melhor: uma superlativação da Antiguidade. Obviamente, as representações desta época sobre a Antiguidade são embelezadoras, i. e., mostram uma era de suprema cultura, de vida em harmonia, da maior espiritualização e intensidade artística. Por volta da virada do século, o Classicismo é observado não apenas na arquitetura e na poesia, mas se encontra também na filosofia.

Como representante desta nova filosofia da natureza, podemos considerar o filósofo teuto-dinamarquês Johann Erich von Berger, professor de astronomia em Kiel e, mais tarde, sucessor de Reinhold. Berger estudou, a partir de 1791, inicialmente em Göttingen, depois em Kiel e, finalmente, a partir de outubro de 1793, em Jena, onde queria assistir aos cursos de Carl Leonhard Reinhold. Entretanto, Reinhold deixou Jena pouco tempo depois e foi para a Universidade de Kiel, com a promessa de receber uma medalha de ouro, com a qual seus alunos pretendiam homenageá-lo, juntamente com um poema comemorativo.[2] A vaga de Reinhold foi dada a Johann Gottlieb Fichte, que impressionou tanto o jovem Berger a ponto deste traduzir suas preleções para o dinamarquês, sem obviamente publicá-las como livro. Berger fundou, com Herbart e Hülsen entre outros, a *Sociedade Literária dos Homens Livres,*[3] constituída em 1° de junho de 1794 e inspirada pelo pensamento de Fichte a partir da *Destinação do Erudito*. O próprio Fichte participou apenas de uma única reunião da *Sociedade*, em 17 de setembro de 1794. No entanto, sua influência sobre os membros foi considerável. De fato, a *Sociedade* foi associada a noções jacobinas, acusações essas que também dificultaram cada vez mais a posição de Fichte em Jena. De todo modo, reflexões sociopolíticas não eram estranhas a Berger. Ele permaneceu, com algumas interrupções, até 1797 ligado ao círculo de Jena. Por volta de 1797, Berger, decepcionado com o Direito Natural e a Doutrina dos Costumes, afastou-se da filosofia de Fichte. Ele escreveu o seguinte ao seu amigo August Ludwig Hülsen: "O primeiro arco da moral de Fichte veio felizmente à luz. Eu não gosto mais de ler nenhum Direito Natural e nenhuma Moral e por isso prefiro filosofar sobre força vital, oxigênio, luz e calor, sobre a atmosfera do sol, animais e plantas, sobre aurora e crepúsculo

---

2. O planejamento das medalhas não foi concluído a tempo. Reinhold só recebeu o presente de seus fiéis estudantes em 14 de abril de 1794. Cf. Bondeli, Martin: Die Elementarphilosophie. Reinhold als Interpret von Kants Vernunftkritik und Wegbereiter des Deutschen Idealismus, in: Umwege: Annäherungen an Immanuel Kant in Wien, in Österreich und in Osteuropa. (Ed.) Violetta L. Weibl. Göttingen, 2015, p. 168-180, aqui: p. 169.

3. Cf. Jamme, Christoph, Denken unterwegs. Philosophie im Kräftefeld sozialen und politischen Engagements. Festschrift für Heinz Kimmerles zu seinem 60. Geburtstag. Amsterdam, 1990, pp. 87-108.

e sobre as estrelas da noite." De modo nenhum, os amigos querem viver em um Estado fichteano. Em seguida, Berger comunica ao amigo que se voltou para a filosofia de Schelling: "Você conhece as *Ideias para uma filosofia da natureza* de Schelling? Há muito tempo que um livro como este não era escrito. Estude-o e deixe de lado muitas outras coisas."[4] Desta forma, Berger documenta a virada significativa em direção a uma nova filosofia da natureza. Ela não é apenas mais um ramo da família de subáreas filosóficas que já cresciam naquela época, mas, ao contrário, substitui a filosofia transcendental de Kant e Fichte, que era intelectualmente dominante, na medida em que coloca o mundo e os seres humanos em uma nova perspectiva. Ela conecta a filosofia de Spinoza com a filosofia transcendental de Fichte e com a metafísica monadológica de Leibniz a fim de formar um pensamento poético totalmente novo, focado sobre a natureza. Isto também está conectado com uma crítica fundamental a Kant e, em parte, também a Fichte. Berger e Hülsen pertencem ambos àquele círculo de jovens filósofos que se despedem da filosofia de Kant e se voltam para o Primeiro Romantismo.[5]

Em 1808, Berger escreveu uma obra com o revelador título *Apresentação Filosófica das Harmonias do Universo*. Trata-se de um testemunho dessa nova filosofia da natureza. Inspirado na filosofia de Schelling e sob a influência do movimento do Primeiro Romantismo, nomeadamente, de Novalis,[6] Berger pretende desenvolver um conceito abrangente do universo. Em 1808, ele enviou a obra para Hegel, "o pesquisador filosófico das leis do mundo", com o pedido de que Hegel lhe enviasse em troca um exemplar de

---

4. Cf.: H. Ratjen: Johann Erich von Berger's Leben mit Darstellung der philosophischen Ansicht Berger's von Prof. Thomsen und mit Andeutungen und Erinnerungen zu Bergers Leben von J. R(ist). Altona, 1835, p. 26; Johannes Gehring: Die Religionsphilosophie J.E. von Bergers. Leipzig, 1897, p. 15.

5. Cf.: Krämer, Ulrich: '...Meine Philosophie Ist Kein Buch'- August Ludwig Hülsen (1765-1809). Leben und Schreiben eines Selbstdenkers und Symphilosophen zur Zeit der Frühromantik. (Regensburger Beiträge z. dt. Sprach- und Literaturwiss. Reihe B. Untersuchungen; 77); Posesorski, Ezequiel L., Between Reinhold and Fichte: August Ludwig Hülsen's Contribution to the Emergence of German Idealism. Karlsruhe 2012.

6. Berger, Johann Erich von, Philosophische Darstellung der Harmonien der Welt, Altona, 1808.

sua dissertação *De orbitis Planetarum*.[7] Além da natureza como um todo, Berger se ocupa sobretudo com estrelas e planetas.

O universo como a natureza são ao mesmo tempo o todo e o absoluto. Consequentemente, a filosofia da natureza não é, para ele, uma parte da filosofia — é toda a filosofia. Ela toma como seu ponto de partida a ideia de harmonia. "Assim como só existe uma única verdade, enquanto luz e brilho da mente eterna, cuja visão é o universo, assim também há a voz desta verdade, enquanto vida retumbante e autorreconhecida, uma anunciação infinita e um eterno canto das musas. Sua bem-aventurada harmonia é o pensamento criador do Deus supremo."[8] A fala sobre a harmonia é intencionalmente ambivalente. Berger apresenta o universo anexando o discurso das harmonias das esferas [celestes]. Trata-se de um discurso antiquado e poético que não é atípico para a época posterior a 1800. Pensemos, por exemplo, no diálogo *Bruno ou sobre o princípio divino e natural das coisas*, de Schelling, ou em *Filosofia e Religião*. Simultaneamente, Berger fala metaforicamente do som, do *canto eterno das musas*, da anunciação falada e cantada. Berger defende a unidade entre ciência e poesia, entre ciência e canto[9]. Berger condensa motivos religiosos, antigos e poéticos em uma nova totalidade. A divindade, o absoluto, a razão divina encontram sua expressão na verdade *una*. Ela é anunciação e revelação. Este é um pensamento que recoloca no centro a razão *una* indivisível. Esta filosofia poética é guiada por um forte conceito de unidade. Esta unidade reúne o universo e a divindade, o todo e o absoluto de um modo que pode determinar a multiplicidade enquanto multiplicidade, o determinado enquanto determinado, mas sempre apenas por meio da unidade originária que se expressa no determinado múltiplo ou na multiplicidade determinada. Essa razão *vê* o universo *de fora*. Este é um pensamento profundamente clássico. Por um lado, ele suspende a consideração material unilateral do universo. O universo é um olhar para fora, um ver de fora, um projetar para

7. Hegel, *Briefe* I, 223f.

8. Berger, Johann Erich von, Philosophische Darstellung der Harmonien der Welt, Altona, 1808.

9. Ibid, p. 27.

fora[10] da divindade, um processo dinâmico, criativo e vivo. O universo não é a expressão material de uma razão que inicialmente só é reconhecível em ideias, mas sim a inteira expressão e desdobramento do Uno. Por outro lado, este pensamento enfatiza a unidade, também e diretamente no surgimento do universo. O universo não é o segundo, em relação a um primeiro, a um primeiro que é divindade e razão. A criação não é o outro da razão divina, mas uma e a mesma, mesmo quando projetada para fora. Numa palavra: o universo é o todo-uno, é o todo em todas as suas partes, a unidade em cada indivíduo e, portanto, junto a si mesmo no universo. Aqui reside, ao mesmo tempo, o lado metafórico da harmonia. Ela não é apenas o poético som da revelação da razão na natureza, mas também a interpenetração racional do universo que se reencontra na organização da natureza.

O meio da filosofia de Berger é a intuição, mais precisamente, a intuição pensante, a intuição intelectual. Ela é o olhar que envolve o múltiplo na unidade, ao mesmo tempo em que exterioriza o Uno, o olha de fora e o projeta. É ela que garante a unidade do ideal com o real. Ela concentra a interpenetração racional do mundo em um foco que torna transparentes a natureza e o universo enquanto um processo eterno de racionalidade autorreferente. A forma estritamente metódica e escolástica da apresentação é inadequada a esta função de unidade da intuição racional. O fundamento se encontra no fato de que a forma de apresentação "semelhante a guildas"[11] da filosofia escolástica esqueceu que somente na intuição pode emergir o sentido para a beleza do universo:

> O fato de que a própria filosofia teve que surgir como guilda (faculdade) e teve que apresentar o lamentável e ridículo fenômeno do sistema de guildas faz parte da eterna paródia do mundo, que por toda parte associa o que há de mais elevado e mais digno a uma caricatura de si mesmo. Talvez o fato

---

10. Os verbos substantivados utilizados pelo autor são „*Hinausbliecken*, *Hinaussehen* e *Hinausprojezieren*". (N. da T.)

11. O termo original „*zunftmäßig*" se refere ao fenômeno europeu medieval das guildas, agrupamentos de indivíduos com interesses comuns, como mercadores ou artesãos, com o objetivo de buscar apoio e proteção mútuas.

do *espírito* da ciência só ter renascido na Alemanha, onde pela primeira vez se tornou visível sua *figura* mais nobre, seja consequência de nosso astro favorável. Mas a única forma sob a qual a mais elevada doutrina divina pode tornar-se visível é a palavra livre e criadora, a anunciação imediata dela mesma no mundo que a percebe alegremente.[12]

À atividade mediadora do entendimento — primeiro observar, depois pensar, enquanto todo, i. e., reflexão — Berger opõe a imediatidade da intuição. Com isto desaparece "a loucura e a palavra morta da escolástica"[13]. Este é um motivo fundamental e, ao mesmo tempo, uma linha de demarcação incontestável na época em torno de 1800.[14] Ela determina a direção e a agudeza do confronto com a modernidade. Para Kant e para a filosofia transcendental, a reflexão e a análise e síntese a ela associadas permanecem constitutivas. Para Schelling e Hegel, pelo menos em seu trabalho conjunto em Jena, a reflexão que separa e finitiza tem que ser superada.

Desse modo, a intuição reúne áreas muitas vezes díspares. Berger critica a separação inerente ao empirismo, nomeadamente, aquela entre observação e pensamento. Primeiro a natureza é observada, depois reflete-se sobre a observação. Berger reconhece nisso um típico traço das ciências naturais de seu tempo que só conhecem a natureza na posição de objeto. Elas perdem, portanto, desde o início, a unidade anterior preferida por Berger, a qual abrange tanto a natureza quanto o ser humano, tanto a natureza quanto a liberdade, tanto a ciência quanto a poesia.

O conhecimento mais profundo tornou-se, ele mesmo, intuição, e a olhar espiritual é ele mesmo um conhecimento eterno. Assim como a natureza

12. Berger, Johann Erich von, *Philosophische Darstellung der Harmonien der Welt*, Altona, 1808, p. XIX.

13. Ibid., p. 6.

14. Cf.: Asmuth, Christoph: »Von ›Seichtigkeit‹ und ›Pedanterie‹. Popularität und Öffentlichkeit in der Philosophie zwischen Kant und Fichte.« In: Binkelmann, Christoph: *Schneiderheit, Nele: Denken fürs Volk? Popularphilosophie vor und nach Kant.* (Kultur — System — Geschichte; 6). Würzburg, 2015, p. 97-112.

> visível, apesar de todas as mudanças e pensamentos errôneos, permanece imutável mesmo à luz do mundo, assim também, se os pensamentos se completam igual a ela, também eles serão eternos na luz espiritual e a transfiguração da natureza estará no olhar do próprio ser humano.[15]

O olhar, no entanto, cria para si seu objeto no olhar.[16]

Berger reconhece a vida enquanto uma unidade de espírito e natureza, enquanto círculo orgânico, enquanto eterno retorno, enquanto o verdadeiro sujeito e a autorreferência interior. Trata-se da reabilitação do indivíduo diante de uma unilateral teoria de gênero da vida — uma influência de Leibniz não pode ser aqui ignorada. O universo espelha-se eternamente apenas na perspectiva individual. O gênero por si não é nada, só existe na perspectiva do ser singular, é ele mesmo reflexo individual. A vida do gênero tem que ser animada pela individualidade infinita e pensada originariamente *em devir, dinamicamente*. Em Berger, os elementos monadológicos, organológicos e vitalistas encontram-se e impelem-se mutuamente em direção ao sistema. O desenvolvimento do seu sistema baseia-se na ideia do espírito, que acaba por resultar em uma teoria da submersão e espiritualização do universo. Nesse aspecto, o universo é animado, ordenado, harmônico e interpenetrado pela inteligência, criado pelo olhar que intui. "O corpo do mundo é *vida individual*",[17] sujeito à temporalidade. O surgimento e o desaparecimento dos astros são uma e a mesma coisa.[18] As estrelas são para Berger círculos espiritualmente animados:

> Como pode uma geração de seres racionais - que na alternância do tempo geram e são gerados, respirando no céu profundo, contemplando todas as profundeza dos céus — ser pensada na ideia? — Apenas como una com

15. Berger, Johann Erich von, *Philosophische Darstellung der Harmonien der Welt*, Altona, 1808, p. XXXVIII

16. Ibid., p. 7.

17. Ibid., p. 9.

18. Cf. Ibid., p. 12.

> todos os espíritos que moram em infinitas estrelas. Apenas enquanto geradas por estes. Apenas enquanto gerando estas infinitamente.[19]

A vida das estrelas é — enquanto espelho da razão — *uma* vida, que Berger concebe como originariamente e eternamente livre. Berger, juntamente com Fichte, pode descrever o desprendimento que se expressa nesta liberdade como um flutuar. Trata-se de uma vida que interpenetra completamente o corpo do mundo e que o obriga a uma eterna metamorfose, que o reconduz novamente à ideia divina, a partir da qual ele surgiu. No céu, revela-se a vida bem-aventurada, harmonia sem luta.[20]

> Ele mesmo [o céu] não *é*. Apenas sua vida *é*. Mas esta é apenas a vida da ideia, por meio da qual ele foi esculpido e que aparece na *organização* em seu reflexo mais puro. Esta, enquanto unidade imediata do espírito e da natureza, enquanto aparição do eterno, possuirá também a vida mais livre, e o ser humano é, enquanto espírito, um cidadão do universo, certamente condicionado pela relação cósmica determinada, esta, porém, suspendendo e libertando infinitamente na ideia e por meio da força criadora desta.[21]

Berger desenvolve uma teoria da vida das estrelas que aparece como um complexo acontecimento expressivo. Estrelas e planetas vivem juntos em uma ideia. Eles vivem uma vida infinita. A razão divina, na qual nós, enquanto seres racionais, somos profundamente envolvidos, emerge a partir de si mesma na medida em que nós, com ela, a contemplamos, a intuímos em nós mesmos. Nesta unidade inseparável, natureza e espírito não são opostos, mas, analogamente à *Ética* de Spinoza, expressões idênticas do absoluto, infinitamente livres e ao mesmo tempo eternamente determinados. A mutabilidade do mundo não é, portanto, um mero acontecimento, mas antes um sair e voltar, uma respiração do mundo. Nesses pensamentos de

---

19. Ibid., p. 10.
20. Cf. Ibid., p. 18.
21. Ibid., p. 16.

Berger, reconhece-se não apenas um traço de antiguidade difíceis de perceber — as inteligências da cosmovisão aristotélica — mas também implicações neoplatônicas, que seguramente não por último encontraram o seu caminho na cosmologia de Berger principalmente por meio da filosofia de Schelling. Aqui reside a fonte da ideia de Berger de que o universo poderia até ser considerado metaforicamente como um corpo orgânico.[22]

Berger vê no universo a ideia realizada e a observa assim como ela se realiza. Esta intuição determina o movimento das estrelas, fornece as formas fundamentais de espaço e tempo. A intuição fornece a originária medida (Maß)(Hegel) das órbitas estelares e seu tempo enquanto expressão de sua organização. Do tempo derivam a mudança de tempo do dia e o tempo de vida. "No ser orgânico, o tempo surge primeiramente enquanto interior — em sua suprema violência — e é intuído intelectualmente como oscilação do infinito."[23] Aqui Berger conecta a história, incialmente a história da Terra, depois a história da humanidade. Ela se foca no *instante* que é concebido enquanto "alma" da sucessão de passado infinito e futuro infinito. Exatamente aqui, Berger se encontra em uma transfiguração quase mística do momento eterno em que toda beleza e toda vida foi, é e será.

No que diz respeito ao amigo de Berger, Henrich Steffens, é certamente relevante salientar a teoria de Berger sobre o núcleo da Terra. É claro que Steffens só desenvolveu sua teoria física de um núcleo metálico como fundamento para o desenvolvimento orgânico da Terra mais tarde, em sua *Antropologia* de 1822.[24] A relação de Berger com o núcleo da Terra é menos física do que poético-especulativa:

> O núcleo da Terra, rodeado por uma múltipla e maravilhosa formação temporal, que finalmente acolhe o éter, enraizado, entretanto, no que está em repouso, florescendo e se agitando — depois, em seu mundo superior,

22. Cf. Ibid., p. 17.

23. Ibid., p. 20.

24. É útil para a reconstrução do estado do conhecimento no início do século XIX: Krüger, J. F., Geschichte der Urwelt. 2 Bde. Quedlinburg/Leipzig, 1822/23.

> transformado por uma figura significativa mas em rápida mudança — o núcleo, feito para acolher o céu, respirando desde sua profunda escuridão, fluindo de uma pesada inundação em equilíbrio, acariciado e levemente tocado pela luz e pelo éter onipresentes — *não aparece para nós*. Porém, um espírito poderoso — muitas vezes irado — fala das suas profundezas para o mundo superior e a sua eterna essência, nascida infinitamente do nada eterno, é acessível ao olhar da razão, de forma tão certa quanto nos fala na sua formação que *vem-a-ser-luz* acolhendo luz, respirando a partir do eterno repouso, — *olhando* desde a escuridão profunda — ardente a partir do firmamento — vivendo mais profundamente no eterno dormitar.[25]

O núcleo da Terra é um espírito da Terra, idêntico à razão eterna, vivente, porque pensado enquanto síntese de luz e gravidade, enquanto síntese de éter e núcleo.[26] O núcleo da Terra é propriamente razão.[27]

Berger segue a ideia básica sistemática da filosofia da natureza de Schelling. Em Berger, no entanto, domina uma filosofia da identidade que, nesta unilateralidade, ofusca os momentos sombrios da filosofia de Schelling, que ele expressa de modo cada vez mais forte em seu desenvolvimento posterior. Também parece significativo que ele continue conduzindo um argumento idealista que o distancia da filosofia da natureza de Schelling: Berger acentua a espiritualidade e a racionalidade, enquanto Schelling, em sua filosofia da natureza de juventude, centraliza a naturalidade do espírito, seu devir a partir do fundamento escuro da matéria.

Trad. Márcia Gonçalves

25. Berger, Johann Erich von, *Philosophische Darstellung der Harmonien der Welt*, Altona, 1808, p. 29.

26. Cf. Ibid., p. 30s.

27. Cf. Ibid. p. 29.

Referências Bibliográficas

Asmuth, Christoph. »Von ›Seichtigkeit‹ und ›Pedanterie‹. Popularität und Öffentlichkeit in der Philosophie zwischen Kant und Fichte.« In: Binkelmann, Christoph; *Schneiderheit, Nele(Ed.). Denken fürs Volk? Popularphilosophie vor und nach Kant*. Würzburg, 2015.

Berger, Johann Erich von. *Philosophische Darstellung der Harmonien der Welt*. Altona, 1808.

Bondeli, Martin. Die Elementarphilosophie. Reinhold als Interpret von Kants Vernunftkritik und Wegbereiter des Deutschen Idealismus. In: Violetta L. Weibl (Ed.). *Umwege: Annäherungen an Immanuel Kant in Wien, in Österreich und in Osteuropa*. Göttingen, 2015.

Hegel, Georg Wilhelm Friedrich. *Briefe von und an Hegel*. Band I (1785-1812). Hrsg. Von Johannes Hoffmeister. Hamburg, 1969.

Jamme, Christoph. Denken unterwegs. Philosophie im Kräftefeld sozialen und politischen Engagements. In: *Festschrift für Heinz Kimmerles zu seinem 60. Geburtstag*. Amsterdam, 1990.

Krüger, J. F. *Geschichte der Urwelt*. 2 Bde. Quedlinburg/Leipzig, 1822/23.

Ratjen, H. *Johann Erich von Berger's Leben mit Darstellung der philosophischen Ansicht Berger's von Prof. Thomsen und mit Andeutungen und Erinnerungen zu Bergers Leben von J. R(ist)*. Altona, 1835, p. 26.

Gehring, Johannes. *Die Religionsphilosophie J.E. von Bergers*. Leipzig, 1897.

Krämer, Ulrich. *...meine Philosophie ist kein Buch — August Ludwig Hülsen (1765-1809). Leben und Schreiben eines Selbstdenkers und Symphilosophen zur Zeit der Frühromantik*. Frankfurt am Main, 2021.

Krüger, J. F. *Geschichte der Urwelt*. 2 Bde. Quedlinburg/Leipzig, 1822/23.

Posesorski, Ezequiel L. Between Reinhold and Fichte: August Ludwig Hülsen's Contribution to the Emergence of German Idealism. Karlsruhe, 2012.

A Gravidade Infinita: Sobre o real na filosofia da natureza de Schelling

Christoph Binkelmann
(Bayerische Akademie der Wissenschaften)

Começo citando uma frase significativa dos *Aforismos sobre a Filosofia da Natureza* (1806) de Schelling, cuja interpretação será o modesto objetivo desta minha conferência: "A gravidade é a silenciosa celebração da natureza, com a qual ela celebra a unidade no infinito, ou seja, sua consumação." (AA I 15, 245)[1]. No século XVIII e início do século XIX, o local de uma [chamada] "celebração da natureza", frequentemente relacionada pela pesquisa acadêmica a Friedrich Gottlieb Klopstock e seu poema "*Die Frühlingsfeier*" (A Celebração da Primavera) (1759/1771)[2] era uma praça densamente povoada. Mas o que isso significa? Em Klopstock, o

1. As citações das obras de Schelling se referem à Edição Histórico-Crítica (*Historisch-kritische Augabe*), também chamada *Akademie-Ausgabe* (Edição da Academia), cuja abreviação (AA) é usada aqui pelo autor. Esta edição é composta por 3 séries, indicadas pelo número em algarismo romano, onde a primeira é composta pelas obras publicadas (*Reihe I: Werke*), a segunda, pela obra póstuma (*Reihe II: Nachlaß*) e a terceira, pelas cartas (*Reihe III: Briefe*). Os números que seguem o da série, indicam respectivamente o volume e a página. As referências completas das obras citadas encontram-se na bibliografia ao fim deste artigo. (N. da T.)

2. Cf. o estudo de August Langen sobre o lugar da "celebração da natureza", onde há muitos exemplos, embora não seja filosoficamente frutífero: „Die Feier der Natur. Zur Geschichte eines Topos im 18. und 19. Jahrhundert" (A celebração da natureza. Sobre a história de um tópos nos séculos 18 e 19", in: Langen, August. *Gesammelte Studien zur Neueren Deutschen Sprache und Literatur*, Berlin, 1978, pp. 128-140.

poeta se entrega a um louvor de inspiração cristã à criação de Deus, mesmo em seus menores e mais inferiores fenômenos:

> Nem no oceano de todos os mundos
> Quero lançar-me!
> Nem flutuar, onde as primeiras criaturas,
> Os jubilosos coros dos filhos da luz,
> Adoram, profundamente adoram!
> E desfalecem em êxtase!
>
> Apenas em torno da gota no jarro,
> Em torno da Terra apenas, quero eu flutuar, e adorar!
> Aleluia! Aleluia! A gota no jarro
> Também escorreu da mão do todo-poderoso!

Em diversos fenômenos num dia de primavera, tal como um vermezinho primaveril, a noite que desponta, ou uma tempestade, o poeta celebra a glória de Deus. Junto a isso, deve-se mencionar que, naquela época, o conceito de "celebração" (*Feier*), em geral, ainda continha uma clara conotação religiosa e, em particular, dizia respeito aos atos religiosos na missa.[3] Quase cem anos depois, a celebração da natureza não só parece ter se livrado de um deus transcendente, como também não precisa mais do poeta. Em "Imagem Outonal" (*Herbstbild*) (1852) de Friedrich Hebbel, que não apenas muda a estação — agora no outono, não mais na primavera —, é a própria natureza que se celebra:

> Este é um dia de outono como nunca vi!
> O ar está quieto, quase como não se respirasse,
> E, ainda assim, caem farfalhando, longe e perto,
> De cada árvore os frutos mais belos.

---

3. Sobre a origem e significado da palavra [alemã] "*Feier*" (celebração) a partir [da palavra latina] "feriae", veja o ensaio de Langen.

Oh, não a perturbe, a celebração da natureza!
Essa é a colheita que ela mesma conserva;
Pois hoje só se desprende dos galhos
Aquilo que cai antes do suave raio de sol.

Entre os dois poemas, desde Klopstock até Hebbel, pode-se perceber uma transição desde uma celebração teísta até uma celebração quase panteísta da natureza, na qual o ser humano passa de um adorador celebrante a um observador silencioso de uma natureza que se celebra a si mesma. Também na afirmação de Schelling, parece ser a própria natureza que se celebra a si mesma em sua consumação. Trata-se de uma celebração com a qual a natureza "celebra a unidade na infinitude, ou seja, sua consumação". Isso soa quase como se a natureza pudesse finalmente celebrar sua própria obra depois do trabalho feito e completo — assim como Deus em Gênesis: "Ora, havendo Deus completado no sétimo dia, a obra que tinha feito, descansou no sétimo dia de toda a obra que fizera. Abençoou Deus o sétimo dia e o santificou, porque nele descansou de toda a sua obra que criara e fizera." (1Mos 2,2-3). Ali onde deus costumava celebrar, de forma claramente silenciosa, está o destino de um deus monoteísta, enquanto os deuses antigos ainda se divertiam ruidosamente, agora — poder-se-ia pensar — é a natureza quem celebra, de forma igualmente silenciosa. Aqui surge inevitavelmente a acusação, frequentemente repetida, não apenas por Friedrich Heinrich Jacobi, de que a filosofia da natureza de Schelling defendia uma visão de mundo panteísta e, portanto, ateísta.

Mas, ao contrário de Jacobi, não queremos aqui tirar conclusões precipitadas. Queremos, antes de mais nada, abordar a questão mais importante neste tema, a saber: o que afinal significa a gravidade identificada por Schelling com a silenciosa celebração da natureza? Já que de fato é dito que "*A gravidade* é a celebração silenciosa da natureza". Vamos considerar, pois, inicialmente o tema da gravidade na história do espírito até Schelling — e, com isso, vamos selecionar aquelas posições e perspectivas escolhidas pelo próprio Schelling, para em seguida apresentar sua própria teoria da gravidade.

A história da gravidade aos olhos de Schelling

Se quisermos começar a consideração da gravidade como tema da filosofia da natureza, de modo não *ab ovo*, mas a partir do primeiro representante significativo dos tempos modernos, inevitavelmente quem aparece é Isaac Newton. Com a até hoje respeitada lei da gravitação, Newton conseguiu estabelecer uma base para o cálculo da força gravitacional que atua entre as massas. No *Dicionário de Física* (*Physikalisches Wörterbuch*) de Johann Samuel Traugott Gehler, frequentemente consultado também por Schelling, a explicação desta lei é a seguinte: "A gravitação do corpo A ante B se relaciona diretamente, assim como a massa de B, e vice-versa, como o quadrado da distância entre os dois corpos A e B (*est in ratione composita ex directa massarum et subduplicata distantiarum*)". Ou, em linguagem moderna: A atração entre dois corpos devido à gravitação é proporcional ao produto das duas massas e indiretamente proporcional ao quadrado de sua distância. Como fórmula: $F=G^*(m1^*m2/r^2)$ (onde G é a constante gravitacional, m é a massa e r é a distância).

Para explicar a força gravitacional entre os corpos, Newton considera consequentemente uma *força de atração* em cada corpo, cuja intensidade diminui à medida em que a distância entre os corpos aumenta. O grande sucesso da lei da gravitação deveu-se sobretudo ao fato de se poder com ela calcular a força gravitacional entre corpos, o que permitiu explicar tanto a força gravitacional da Terra, a órbita da Lua em torno da Terra, quanto o movimento dos planetas em torno do Sol (e outros fenômenos como, por exemplo, as marés). A fraqueza sobretudo *filosófica* desta hipótese — e é por isso que Schelling a chama de "não-filosófica" (*unphilosophische*) (AA II 7,1, 193) — se encontra no fato de que nenhuma explicação causal efetiva é dada: A hipótese de uma força de atração enquanto causa da gravidade recorre a uma qualidade oculta (*qualitas occulta*), que já representava para Gottfried Wilhelm Leibniz um "asilo para a ignorância" (*asyles à l'ignorance*). O próprio Newton já era consciente disso e limitou-se à explicação do mero fenômeno, sem querer com isso operar a investigação das causas (ibid. 194).

Isso não impediu que proeminentes sucessores prosseguissem com o conceito de força de atração: Immanuel Kant usou esse conceito para a construção da matéria em seu livro sobre os *Primeiros Princípios Metafísicos da Ciência da Natureza* (1786). Ao definir a matéria como "móvel, enquanto preenche um espaço"[4] e como constituída a partir de forças de atração e repulsão, Kant se preocupou com a dissolução do conceito estático-mecanicista da matéria, no sentido de extenso, em René Descartes, por meio de um conceito dinâmico. Embora Schelling elogie várias vezes em seus escritos essa dinamização na compreensão da matéria, a seus olhos, ela continua presa a um modo de pensar ainda mecanicista e ao que é meramente fenomênico (*Phänomenalen*), portanto, à aparição (*Erscheinung*). Pelo menos era essa afinal (há de se interpor aqui em sua defesa!) a intenção própria de Kant. Schelling, ao contrário, visa uma compreensão dinâmica da matéria que não recorra ao que para ele é um conceito mecanicista de uma força que age de modo externo. Esse é o motivo por que, na maioria das vezes, ele fala de "gravidade" (*Schwere*) e não de "força da gravidade" (*Schwerkraft*). A gravidade neste sentido, ou seja, entendida não como força fenomênica e externa, mas como princípio interno e substancial das coisas, fornece, antes de tudo, a causa, e não apenas calcula os efeitos, sobre os quais a lei de Newton se limitava. Isso implica para ele subsequentemente a "independência da gravidade de toda a força de atração" (AA II 7.1,195). Schelling encontrou esta tese (1798) fundamentada no escrito de Franz Baader intitulado "Sobre o quadrado pitagórico na natureza ou os quatro cantos do mundo" (*Ueber das phythagoräische Quadrat in der Natur oder die vier Weltgegenden*)[5]. Após esta breve aproximação externa ao conceito de gravidade de Schelling, passemos agora ao seu desenvolvimento interno.

---

4. A tradução portuguesa de Artur Morão usa a expressão "um móvel enquanto enche um espaço". Cf. Kant, Immanuel. *Primeiros Princípios Metafísicos da Ciência da Natureza*. Lisboa: Edições 70, p. 43 (A 31,32) (Nota do Tradutor).

5. Cf. também a observação de Schelling sobre o tratado de K. A. Eschenmayer *Espontaneidade = Alma do mundo ou o princípio supremo da filosofia da Natureza* (AA I 10, 81).

A gravidade na filosofia da natureza de Schelling

Embora Schelling tenha se ocupado com a gravidade na primeira fase de seu pensamento sobre a filosofia da natureza, ou seja, de 1797 a 1799, ela só recebeu sua posição e significados definitivos e constitutivos do sistema com a filosofia da identidade, a partir de 1801, na *Apresentação de Meu Sistema de Filosofia* (*Darstellung meines Systems der Philosophie*) e em escritos posteriores.[6] Em conexão com nosso tema, é do maior interesse uma espécie de Introdução acrescentada por Schelling em 1806, durante a segunda edição da obra *Da Alma do Mundo* (*Von der Weltseele*), ao texto da primeira edição, de 1798. Essa introdução leva o título barroco "Sobre a relação entre o real e o ideal na natureza, ou o desenvolvimento dos primeiros princípios da filosofia da natureza baseada nos princípios da gravidade e da luz"[7]. Sua intenção é a construção da matéria — a "mais escura de todas as coisas, sim a própria escuridão, segundo alguns" —, a qual, em oposição a Kant, não deve ocorrer a partir das forças de atração e repulsão, mas sim a partir dos (verdadeiros) princípios da gravidade e da luz. Uma vez que esses princípios fundamentam não apenas a matéria, mas "a natureza inteira e, assim, em última instância, o próprio universo", esse curto tratado permite nada menos que "desenvolver todo o motor (*Triebwerk*) interno do universo e os princípios mais elevados da própria filosofia." (AA I 16,1, 181)

Para Schelling, a matéria, assim como todos os entes em geral, apresenta a "unidade eterna do infinito com o finito" (Ibid., 182), ou, dito de outra forma, a unidade da pura essencialidade com a forma finita. Já que nenhum dos dois pode ser sem o respectivo outro e que a partir de nenhum [dos dois] pode surgir o respectivo outro — nem a partir do infinito [pode surgir] o finito, nem a partir do finito [pode surgir] o infinito —, então

---

6. Como demonstração desta tese, podem servir as *Ideias para uma Filosofia da Natureza* de Schelling, na qual se pode constatar o crescente significado da gravidade, a partir dos adendos da segunda edição de 1803, em comparação com a primeira edição de 1798.

7. No orginal: „Über das Verhältniß des Realen und Idealen in der Natur, oder Entwickelung der ersten Grundsätze der Naturphilosophie an den Principien der Schwere und des Lichts." (N. da T.)

eles são, em geral, apenas e somente em sua unidade, a qual Schelling, por volta de 1806, descreve principalmente como (absoluto) "vínculo" (*Band*) ou "cópula" (*Copula*) (ibid.). Assim como no juízo a cópula conecta o sujeito com o predicado enquanto objeto lógico e só por meio dela é possível emitir a declaração "A é B", então, no sentido ôntico, a cópula é aquilo que faz com que infinito e finito, essência e forma, sejam pela primeira vez efetivos, ou seja, ela é o verdadeiro "é", o ser. E ambos os lados, infinito e finito, só são na medida em que eles expressam em si essa unidade, ou seja, eles só são enquanto essa unidade com uma respectiva (quantitativa) preponderância de um dos lados. Em outras palavras: o puro finito existe tão pouco quanto o puro infinito. O infinito em oposição ao finito significa precisamente a preponderância quantitativa. Consequentemente, o vínculo só pode ser chamado de o verdadeiramente infinito — não o infinito em oposição ao finito, mas vinculado a ele. Portanto, a relação entre essência e forma também pode ser transferida respectivamente para vínculo e vinculado. O vínculo é a essência do vinculado enquanto forma, que é propriamente unidade de essência e forma. Ora, aqui vale também [a afirmação] de que não há essência sem forma e, consequentemente, não há vínculo sem o vinculado, estando aquele intimamente vinculado a este, ele é a "identidade absoluta" (ibid. 183).

Schelling relaciona então esta complexa relação ao absoluto e ao universo, a Deus e sua (finita) aparição ou revelação. Os dois se comportam como vínculo e vinculado ou como essência e forma. A partir daí e das reflexões anteriores sobre o vínculo entre o infinito e o finito, Schelling tira três conclusões: Primeiro (isso corresponde ao último passo), o vínculo não é independente do vinculado, estando, ao contrário, intimamente vinculado a este. O absoluto, portanto, só pode ser identificado enquanto "prazer infinito em revelar a si mesmo" ou enquanto "querer-a-si-mesmo" (ibid. 183), e diferenciado de sua revelação. [Dizer que] o vínculo se quer, significa que, enquanto sujeito ou essência, ele se quer enquanto objeto ou forma, por isso, a cópula pode, ou melhor, tem que ser compreendida no sentido do querer. Nós conhecemos aquela máxima do *Freiheitsschrift* de Schelling "querer é ser-originário" (*Wollen ist Urseyn*) (AA I 17, 123), que aqui — três anos antes — já se encontra, mas do que sugerida. Isso significa que o vínculo também existe no universo — e de uma dupla maneira: De um lado, ele conecta (e este é o segundo aspecto) a infinitude, a multiplicidade das formas ou coisas finitas, com a finitude, as formas ou coisas individuais, à *totalidade*. Mas, em terceiro lugar, o vínculo tem que aparecer não apenas no infinito, mas também no finito, no singular. A absoluta identidade enquanto totalidade da mesma não está apenas no infinito, o todo está também no singular, ou, mais precisamente, o singular é o todo.

Essa diferenciação de uma "identidade na totalidade e totalidade na identidade" tem um significado central porque dela Schelling deriva os dois princípios da natureza: o da gravidade e o da luz. Não apenas por ser o tema desta conferência, vamos nos dedicar primeiramente ao primeiro. Segundo Schelling, a gravidade instancia na natureza a identidade na totalidade, aqui o vínculo resume a multiplicidade das coisas em sua unidade. Para Schelling, a multiplicidade é uma "propriedade das coisas" (ibid., 184) no sentido de que ela é algo que surge por meio da relação exterior das coisas entre si, de sua relacionalidade. Multiplicidade não é, portanto, nenhuma propriedade essencial de uma coisa, mas uma relação entre coisas, "por isso mesmo, ela nada acrescenta à realidade das coisas". A expressão da multiplicidade enquanto relação exterior é, para Schelling, o espaço, o [estar] ao-lado-um-do-outro (*Nebeneinander*) exterior das coisas, que tampouco acrescenta algo a elas internamente, nem contribui em algo para o seu ser. Por isso, Schelling chama o espaço de uma "não-essência" (*Nichtwesen*), que possibilita às coisas singulares seu consistir-por-si (*Für-sich-Bestehen*) não-essencial. Para dar um exemplo em bom sentido platônico: a posição espacial de uma mesa singular não acrescenta nada à essência da mesa, sua mesabilidade, mas só serve para distinguir uma mesa individual de outras mesas (mais ainda do que outras propriedades acidentais, como como cor, tamanho etc.). Portanto, há de se chamar o espaço propriamente de singularizante. Na medida em que resume a multiplicidade das coisas a uma unidade, o vínculo nega precisamente esta singularidade espacial, ou seja, ele nega "simultaneamente o espaço enquanto forma deste consistir-por-si". Resumindo em uma frase que não é apenas simbólica: o ao-lado-um-do-outro meramente exterior do espaço sem centro (unidade) é concentrado em um ponto central, havendo uma espécie de implosão do espaço. Mas esta é precisamente a função da gravidade na natureza: "O vínculo que reúne todas as coisas e as torna uma na totalidade; o centro presente em todos os lugares e em nenhum lugar circunscrito, é na natureza enquanto gravidade." (ibid. 185).

Se o espaço é uma expressão do múltiplo em oposição ao uno, a mera periferia sem centro, então a gravidade funciona como uma negação do espaço, como centro que não é nenhuma periferia[8], "em nenhum lugar circunscrito". Aqui fica claro que, para Schelling, a gravidade não pode ser atribuída a nenhum lugar, em cuja periferia tudo é atraído — como, por exemplo, o centro da Terra ou o Sol. Em vez disso, o centro de gravidade não é espacial nem fenomênico e, portanto, não é uma força empiricamente determinável. No entanto, todos os fenômenos gravitacionais, como o movimento dos planetas ao redor do Sol ou a atração gravitacional da Terra, apontam para a força de gravidade originária.

A extensão total da gravidade só se torna clara quando se adiciona outra forma de fenômeno ligado às coisas, nomeadamente, o *tempo*. Diferentemente, ou precisamente em oposição ao espaço, o tempo não simboliza o consistir-por-si das coisas, mas sim exatamente a transitoriedade ou finitude. É o próprio tempo que completa a negação das coisas, sendo, portanto, em certa medida, a forma positiva da gravidade. Ainda mais claro: em comparação com o espaço, a gravidade é o seu oposto ou sua negação, o tempo é a própria gravidade na forma (obviamente não como gravidade). A gravidade enquanto vínculo não existe sem o vinculado, sem as coisas singulares, mas ela não é o vinculado; assim como o vinculado não é sem o vínculo, mas não é este. Esta contradição entre ser e não-ser mostra e, ao mesmo tempo, dissolve o tempo em uma *duração*. Pois, a coisa singular

8. Embora o termo "*Umkreis*" seja frequentemente vertido pela palavra "perímetro", quando utilizado no contexto da geometria, que serve para Schelling de metáfora para sua teoria da gravidade, optamos por traduzi-lo por "periferia", seguindo a interpretação do autor, que utiliza neste mesmo parágrafo, como sinônimo de "*Umkreis*" a palavra de origem grega "*Peripherie*". (N. da T.)

é e não é; ela compartilha a eternidade do vínculo, mas apenas na medida em que ela desaparece. Assim como os momentos do tempo, os instantes assemelham-se à eternidade, mas desaparecem imediatamente, assim como o conectado (ibid., 186).[9] Schelling denomina, portanto, o tempo, e ainda mais o seu fundamento, a gravidade, de "o elemento finalizador das coisas" (*das Verendlichende der Dinge*) (ibid. 188), com o qual a natureza "celebra" sua própria efetivação através da aniquilação. Lembremos da citação de abertura desta conferência: com a gravidade, a natureza celebra a sua consumação, que agora entendemos como uma conclusão (*Vollendlichmachung*) das coisas, que é a sua finalização (*Verendung*) (mas, precisamente por isso, também a sua consumação). Junto com a temporalização das coisas vem sua dinamização ou movimento, que Schelling também remonta à gravidade. O consistir-por-si no espaço se expressa, segundo Schelling, em seu repouso — o estático ser-extenso das coisas —, ao passo que a gravidade, enquanto negação do espaço, leva pela primeira vez o movimento às coisas.

No entanto, Schelling insiste que o vínculo, a própria gravidade, não aparece como tal nas coisas finitas -- nem no tempo, nem no movimento: "Mas o vínculo ou a unidade da gravidade põe o conectado enquanto meramente finito, enquanto não-eterno e, por outro lado, o eterno na gravidade não é ele mesmo efetivo ou objetivo, mas apenas o [...] subjetivo". (ibid. 188). Mesmo por meio do tempo, a gravidade, ou melhor: o vínculo, a identidade absoluta, não se torna objetiva, ou seja, não aparece no universo como tal. Pelo contrário, ela é aquilo sobre o que todas as coisas se baseiam, a substância: "Em si mesmo, porém, o vínculo se apresenta na gravidade de todas as coisas como a substância infinita e livre" (ibid. 187) Porém, como já dito inicialmente, o vínculo ou a identidade também têm que estar mais intimamente vinculada ao vinculado, não apenas representando eternidade versus temporalidade, mas incorporando a unidade de ambos no vinculado.

9. Nesta passagem, deve-se mencionar que, apenas alguns anos depois, Schelling rejeitaria a visão do tempo aqui representada como falsa, a fim de avançar para uma compreensão completamente nova em sua filosofia das *Idades do Mundo* (*Weltalterphilosophie*).

Para se revelar no universo, ou seja, para aparecer como uma identidade, é necessário um outro princípio, a saber, o da *luz*. De acordo com a fórmula acima mencionada, esta não é, como a gravidade, identidade na totalidade, mas totalidade na identidade, isto é, nas coisas singulares. Assim como a gravidade, a luz não deve ser compreendida no sentido fenomênico, ou seja, como aquilo que percebemos no fenômeno enquanto luz. É por isso que Schelling costuma falar mais de "essência luminosa" (*Lichtwesen*). Ao contrário da gravidade, esta nega as coisas singulares não enquanto forma meramente exterior, nem as atrai externamente para um centro comum, ao contrário, ela expressa a essência ou identidade nas coisas. É por isso que Schelling também a chama de "visão da vida" (*Lebensblick*) nas coisas, ou seja, é aquilo que insufla vida às coisas, dando a elas seu próprio centro interior — ou, como também podemos dizer, transformando-as de meros objetos em sujeitos.

Segundo Schelling, ambos os princípios já constituem a matéria, permitindo assim a explicação de fenômenos naturais como os elementos (terra, ar, água), o magnetismo, a eletricidade e o quimismo (ibid.194), os reinos vegetal e animal e até os seres humanos e os corpos celestes: "Aqui vemos então a primeira cópula entre o infinito e o finito totalmente desenvolvida também na efetividade e transformada na [unidade] superior, entre o infinito, como sendo unidade na totalidade das coisas, e o mesmo [infinito] como sendo totalidade na unidade" (ibid. 191). A aparentemente caótica plenitude da natureza pode, assim, por meio desses princípios, introduzir a razão humana "ao sagrado sabat da natureza" (ibid.199), o que nos traz de volta ao tema da "celebração", a qual, no entanto, de acordo com o ditado acima, só acontece na gravidade. Por que não também na luz ou nos dois princípios juntos?

Por força da essência luminosa, as coisas singulares participam da essência, da eternidade e infinitude. Elas são "espelho do todo", como escreve Schelling em deliberada alusão a Leibniz: Assim como as mônadas contém em si todo o universo — de maneira perceptiva e, portanto, ideal —, assim também [ocorre] aqui [com] as coisas singulares. A essência é a "*idea*" dentro delas — tal como Schelling quer fazer entender, não apenas em relação a

Platão, mas ainda mais com a força da palavra grega e sua compreensão por Johann Joachim Winkelmann.[10] Na gravidade prevalece, ao contrário, a negação do singular acidental na substância infinita — assim como no naturalismo ou realismo espinozista. Este é o fundamento exterior, pelo qual Schelling define a gravidade como princípio real, e a luz como princípio ideal da natureza. A gravidade está para a realidade nas coisas, assim como a luz, para a sua idealidade. Mas como será que ambas se relacionam entre si? E por que a natureza celebra sua plenitude apenas na gravidade e não, ainda mais, na luz — já que esta parece apresentar um nível mais elevado de desenvolvimento da natureza? Agora precisamos ainda chegar ao fundamento desta questão, no sentido mais verdadeiro da palavra.

A natureza na natureza e a natureza em Deus

Nas *Lições de Würzburg* sobre o "Sistema de toda Filosofia" (abreviadas como *Sistema de Würzburg*), apresentadas pouco antes do texto que acabamos de comentar, Schelling esclarece a diferença entre gravidade e luz, realidade e idealidade dos princípios. Ali ele admite que: "A substância real infinita ou a identidade absoluta, ao se relacionar com as coisas particulares como fundamento da realidade, é *gravidade*." (ibid., 191) O pano de fundo spinozista torna-se ainda mais claro na sequência, quando se especifica que a realidade das coisas não consiste meramente em um ser estático ou em algo junto à substância infinita, mas sim em seu *esforço* para ser na substância (e não [para ser] por si mesmas) (ibid., 192). O esforço ou ainda a "tendência para a identidade" em cada coisa tem o fundamento, a gravidade, fora de si, não em seu ser-para-si, que precisa ser superado, para ser real. É exatamente isso que dá realidade à cada coisa. Com isso, fica claro

10. Cf. o exemplo do artista (ibid. 191), a respeito da „*idea*"; em relação a Winckelmann, cf. meu artigo „*Nachahmung der Natur? Die Rolle der Kunst bei Schelling in seiner ersten Münchener Zeit*" („Imitação da Natureza? O papel da arte no Schelling da primeira fase em Munique"). In: Ch. Danz (Ed.): *Schellings Gottheiten von Samothrake im Kontext.* Göttingen, 2021, pp. 217-230.

para Schelling que a gravidade não é nenhum efeito ou interação recíproca de massas entre si — tal como o era para Newton, entre outros, mas sim: "Cada coisa gravita imediatamente apenas ante o uno propriamente dito" (ibid., 193). Portanto, aparece apenas como contingente o fato de que, p. ex., uma pedra gravita ante o centro da Terra. Trata-se, muito mais, apenas da expressão fenomênica de que o ser da pedra (e de todas as outras coisas) está na substância absoluta (ibid., 194).

Nós já havíamos estabelecido no item anterior que a gravidade não é ela mesma a identidade efetiva, ou seja, real e absoluta, mas apenas enquanto (e essa é agora a nova expressão) *fundamento* de realidade. Descrevendo com a terminologia usada anteriormente, a gravidade é a identidade em sua essência ou em sua natureza, não em seu ser — na forma. Por isso Schelling afirma:

> O fundamento da gravidade é, portanto, a profundidade inescrutável da própria natureza; aquilo que nunca pode, ele mesmo, surgir ao *dia* — por ser aquilo *por meio do qual* tudo de outro nasce e avista a luz do dia —; a noite misteriosa; o destino (*Fatum*) de todas as coisas, ou também — pelo fato das coisas estarem nela como seu fundamento, no qual elas são concebidas e do qual elas nascem —, o princípio materno das coisas. (ibid., 196)

Mas como pode algo que dá às coisas realidade ser, ao mesmo tempo, a negação do ser-para-si das coisas? Para [responder] isso, é necessário um olhar mais atento sobre os conceitos de fundamento e de realidade. Fundamento significa em Schelling não exatamente causa, pelo menos não no sentido de *causa formalis*, *finalis* ou *efficiens*. Também não se trata de nenhum fundamento ideal de explicação. Trata-se muito mais de algo — pelo menos metaforicamente falando — como o fundamento e o solo "materno", a partir do qual toda vida, i.e., toda realidade, emerge e para a qual novamente retorna. O fundamento empresta realidade às coisas, que — como todo empréstimo — também precisa ser devolvida. Por isso, em relação à realidade, todas as coisas são iguais. Não é a realidade que empresta às coisas sua propriedade e diferença — aqui se pode lembrar a máxima kantiana de que a existência não acrescenta nenhuma outra determinação às propriedades de uma coisa.

Consequentemente, o fundamento da realidade age no sentido da negação da propriedade, do consistir-por-si das coisas. A gravidade é a noite, a indeterminidade — igual à matéria primeira, ainda totalmente indeterminada e sem forma, a *hyle prote*, o material ou a terra, a partir da qual todas as coisas são e para a qual elas retornam: "terra para terra".[11] Neste sentido, se poderia no máximo descrevê-la como *causa materialis*.

A luz, ao contrário, é primeiramente a causa das coisas no sentido próprio, ela é o "princípio gerador", que implanta as formas no colo da natureza e cuida para que as coisas emerjam para sua própria vida — à luz do dia — e que consistam por si. Neste processo circular de emergir e submergir, expirar e inspirar, diástole e sístole, pai e mãe, riqueza e pobreza, se consuma, segundo Schelling, toda a vida natural. Entre os momentos opostos, ou potências no sentido de sua unidade, age o vínculo, que Schelling descreve, talvez por sua função copuladora, como amor (Ibid. 204), evidenciado pelo mito platônico do "Banquete", segundo o qual Eros é filho de Penia e de Poros, da pobreza e da abundância.

Não é nenhuma surpresa que, a partir dessa consideração sobre a gravidade (e sobre a luz), Schelling tenha, nos anos seguintes até seu *Freiheitsschrift*, desenvolvido a diferenciação tão central para toda a sua filosofia entre fundamento da existência e existente.[12] Na medida em que ele refere esta diferenciação não apenas à natureza, mas ao próprio Deus, ele alcança uma perspectiva central para sua filosofia tardia, na qual, sempre ainda na conceitualidade de Spinoza, as coisas têm seu fundamento em Deus, a saber, naquilo "que em Deus mesmo não é *Ele Mesmo*", a saber, na natureza em Deus, que é também determinada como a "nostalgia, que sente o uno eterno, de gerar a si mesmo"[13] (AA I 17, 130). Esta natureza em Deus é a "base insondável da realidade, o resto que nunca emerge"

11. Ou: "do pó ao pó" (N. da T.)

12. Portanto, Schelling refere-se também lá a suas explicações de filosofia da natureza retiradas da "*Apresentação de meu Sistema*" (*Darstellung meines Systems*) (AA I 10, 146f., 163, 202).

13. No original: „Sehnsucht, die das ewige Eine empfindet, sich selbst zu gebähren" (N. da T.)

(ibid., 131), o que no significado da filosofia da natureza é expresso como o "vínculo escuro da gravidade" (ibid., 132). Assim como para Schelling mais tarde, a partir de 1809, há uma diferença em Deus, a saber, entre natureza em Deus e o próprio Deus, entre o fundamento em Deus e o Deus existente, assim também já há, anos antes, a diferença na natureza, a saber, entre uma *natureza na natureza e deus na natureza*. Significativamente, ele afirma o seguinte em seu adendo à segunda edição de suas *Ideias para a Filosofia da Natureza* (1803):

> na medida em que a gravidade se relaciona com os corpos universalmente como fundamento de existência e princípio receptor, mas a luz como [princípio] ativo, podemos considerar a primeira como o princípio materno e a natureza na natureza, [e] a segunda como o princípio gerador e o divino na natureza. (AA I 13, 148f.)

E é exatamente isso que nos dá a decisiva referência para podermos decifrar a citação inicial: "A gravidade é a silenciosa celebração da natureza, com a qual ela celebra a unidade na infinitude, ou seja, sua consumação"[14] (AA I 15, 245): Na gravidade, e não na luz, a natureza enquanto natureza — e não a natureza que é divina ou Deus — celebra uma celebração para a qual ela nem convida Deus, que aqui seria apenas um penetra. E a consumação da natureza enquanto natureza consiste exatamente não no emergir, na existência (*ek-sistere*) do divino e suas ideias, mas sim em dar e tomar da realidade, exatamente, na gravidade. Ora, esta celebração é, segundo Schelling, silenciosa, não apenas porque a natureza enquanto noite indeterminada e escura encontraria, mesmo assim, poucas palavras. O pronunciar da palavra de Deus acontece para Schelling primeiro com a luz, que traz clareza à escuridão. Silenciosa é a celebração, porque a natureza também não terá a última palavra, mas serve, ao contrário, — tal como mostra a filosofia da natureza — exatamente ao surgimento do divino sobre

14. No original: „Die Schwere ist die stille Feyer der Natur, damit sie die Einheit in der Unendlichkeit, d.h. ihre Vollendung, feyert." (N. da T.)

os diferentes níveis do inorgânico e orgânico até o ser humano, subordinando-se a este. E, finalmente, sabe-se, a partir do *Freiheitsschrift*, que essa celebração também é autorizada por Deus, pois, afinal, a natureza emerge da natureza em Deus e corresponde a ela, não sendo, com isso, nenhum contra-princípio hostil a ele, pois, ao contrário, emergiu dele. Antes de relacionar este estado de coisas retrospectivamente às considerações iniciais sobre a celebração da natureza, entre teísmo e panteísmo, eu gostaria ainda de apresentar brevemente um panorama sobre o conceito de gravidade na filosofia tardia de Schelling — sob o seguinte título:

Mais ipseidade na gravidade — uma revisão tardia?

Por volta de 1805, Schelling se ocupou várias vezes — como pudemos demostrar com base em alguns textos — com o tema da gravidade, capturando-a na expressiva imagem de uma silenciosa celebração da natureza. Entretanto, a continuação desta ocupação de Schelling com a gravidade não é fácil de acompanhar, pois nos anos e décadas seguintes, em geral, ele publicou bem menos textos sobre filosofia da natureza e de modo extremamente esparso.[15] Tão mais interessante é por isso o fragmento *Idades do Mundo*, publicado por Manfred Schröter em 1946, em uma época em que o original já havia sido há muito tempo destruído. Neste fragmento, Schelling define a gravidade como o "princípio ipsativo do corpo"[16], sua força centrífuga ou sua "força em si mesmo, e portanto ser afastado do centro". Schelling admite que ele mesmo teria por muito tempo cedido ao erro de presumir na gravidade *uma* força central que encontra sua expressão em diferentes fenômenos (tal como atração gravitacional da Terra e a órbita dos planetas).

15. Uma exceção apresenta o texto tardio *Darstellung des Naturprocesses*, de 1843/44, no qual a gravidade é também (brevemente) tratada.

16. No original: „das ‚selbstische Princip der Körper'" (N. da T.).

Esta afirmação deveria provocar espanto — pelo menos foi o que aconteceu comigo —, quando se olha retrospectivamente para as determinações anteriores da gravidade. Ao invés da tendência centrípeta, i. e., que atrai todas as coisas para o centro, tendência esta que nega as coisas em seu consistir-por-si (em sua espacialidade), ela se torna fundamento da "individualidade e propriedade" do "ser-em-si-mesmo, do basear-se-a-si-mesmo" das coisas. Sim, temos de tomar a última (frase) literalmente: a gravidade cuida do repouso das coisas em si, já que ela é sua imanente força "que afirma o local".[17][18] Ao invés da afirmação citada do *Sistema de Würzburg*: „cada coisa gravita imediatamente apenas ante o uno propriamente dito", agora se diz: "cada essência gravita originariamente meramente em si mesmo ante si mesmo". Na prática, isso significa que a gravidade deixa a Terra gravitar ante si mesma, i. e., torna-se centrípeta, mas age centrifugamente em relação ao sol. O fato de que a Terra também atrai ante o sol, haveria de ser explicado a partir de um princípio superior, a saber, do princípio espiritual, i. e., — de acordo com a filosofia da natureza — a partir da luz.

Independentemente de uma crítica ainda mais radical à teoria da gravitação de Newton, Schelling parece, neste fragmento, contradizer também a si mesmo, suas afirmações anteriores. Mas por que será? Será que se trata de uma revisão total ou apenas parcial? Aqui podemos somente esboçar algumas teses. Primeiro: desde o *Freiheitsschrift* ou pouco antes dele, mostra-se uma crescente valorização da ipseidade (*Selbstheit*) das coisas.[19] Até mesmo no fragmento *Idades do Mundo* a gravidade permanece uma força que se concentra e se contrai no centro, embora ela aja agora em todas as coisas, i. e., todas as coisas se concentram em si mesmas. Segundo: tal como foi mostrado, a ocupação da filosofia da natureza com a gravidade, levou Schelling, finalmente, à diferenciação metafísica entre fundamento e existente

---

17. No original: „immanente ‚ortsbehauptende' Kraft". (N. da T.)

18. Em um outro fragmento (NL 79) isto se chama princípio "locotenente", em oposição ao princípio "locomotriz".

19. Cf. Rie Shibuya: *Individualität und Selbstheit. Schellings Weg zur Selbstbildung der Persönlichkeit.* Paderborn, 2005.

em Deus. Do mesmo modo, ele possivelmente se deparou, nos capítulos posteriores de seu *Sistema de Würzburg* sobre a „filosofia da natureza especial", com o conceito de ipseidade nas coisas naturais (este contexto foi, a meu ver, pouco ou nada considerado na pesquisa sobre Schelling). Terceiro: mas se a gravidade é a natureza na natureza (e não o divino na natureza), envolvendo com isso uma, ao menos relativa, ipseidade da natureza, então esta também tem que se deixar transmitir para coisas naturais singulares, que, por serem naturais, são autossuficientes, i. e., são um si-mesmo (*Selbst*) (natural). É necessário apenas um breve passo argumentativo para afirmar que a gravidade é o ipsativo (*das Selbstische*) nas coisas. É claro que, em Schelling, o natural permanece subordinado ao espiritual. Assim, o ser humano é por natureza um si-mesmo, tal como se mostra em seus desejos ipsativos, mas isso não significa que ele já seja uma autoconsciência espiritual, na qual ele tem que se elevar acima de seu si-mesmo. Ser apenas natureza não significa, para todas as coisas, inclusive para os seres humanos, afirmar sua própria finitude, pois apenas o espiritual irrompe o reino do eterno e efetivamente infinito. Quarto: Com isso, apesar do conceito de gravidade ter sido modificado, as consequências permanecem as mesmas — a gravidade é a negação do consistir-por-si (*Für-sich-Bestehen*), mesmo ou diretamente sob a forma da afirmação.

Conclusão

Vimos no começo destas observações, como o tópos de uma celebração da natureza se transformou de seus princípios teístas em uma interpretação panteísta e até profana. Encontramos em Schelling não apenas um interessante estágio intermediário, que também se deixa classificar cronologicamente no desenvolvimento histórico, de Klopstock a Hebbel: primeiro, teísmo, depois uma forma mista, depois panteísmo ou divinização ateísta da natureza. Schelling usa frequentemente este tópos, bem como o conceito a ele associado da gravidade, para desenvolver uma posição, na qual teísmo e panteísmo, Leibniz e Spinoza, são mediados entre si, de tal modo que mesmo as constantes acusações de ateísmo pronunciadas por Jacobi teriam que ser silenciadas (o que entretanto não aconteceu) e Schelling ainda poderia conservar grandes partes de sua filosofia da identidade.

Depois disso, a gravidade espelha na natureza aquilo que, no nível divino, a natureza em Deus também apresenta, o fundamento imanente a ele. A gravidade é o contra-princípio real, a profundidade, a noite ou ainda a morte, diante da ascensão mental-espiritual e ideal até as claras altitudes da essência luminosa. Ela se mostra portanto no silenciar das forças que despontam, no recolher-se (*In-sich-Gehen*), ou melhor, no sucumbir (*Zugrunde-gehen*) das coisas finitas — segundo Hebbel, no outono — o que não significa exclusivamente a morte estática, mas representa, ao contrário, o movimento, o novo florescimento de forças, que de longe — e aqui se mostra exatamente o momento teísta-idealista, o divino na natureza — que de longe aponta para o eterno, para a imortalidade ou para a verdadeira infinitude de todas as coisas em Deus. Um poema no qual o filosófico estágio intermediário de Schelling, entre o teísmo e o panteísmo, foi melhor entoado de modo poético, justificando também cronologicamente esta classificação, é de autoria de Ludwig Uhland e datado de 1815. Ele chama-se "Os dias suaves" (*Die sanften Tage*) e trata, assim como a *Celebração* de Klopstocks, da primavera:

> Fico tão calmo nos dias suaves,
> Quando em seu corredor levemente ensolarado,
> Emotivos grisalhos se despedem,
> Então há a celebração da natureza.
> Ela não brilha mais em brotos e plenitude,
> Todas as suas forças estão em repouso,
> Ela se recolhe em um doce silêncio,
> Olhando agora em sua profundeza.
> A alma, quando jovem, tão elevada,
> Desce agora de seu orgulhoso voo.
> Aprendendo uma pacífica renúncia,
> Basta-lhe agora as lembranças.

Lá, eu me sinto bem no silêncio suave,
Dado à alma pela natureza;
É como se subir eu pudesse,
Ao descer em meu silencioso túmulo.

Trad. Márcia Gonçalves

Referências Bibliográficas

Binkelmann, Christoph: „Nachahmung der Natur? Die Rolle der Kunst bei Schelling in seiner ersten Münchener Zeit". In: Ch. Danz (Hg.): *Schellings Gottheiten von Samothrake im Kontext.* Göttingen, 2021, 217-230.

Klopstock, Friedrich Gottlieb: „Die Frühlingsfeier". In: *Ueber die ernsthaften Vergnügungen des Landlebens.* Berlin: Mayer, 1920.

Langen, August: *Gesammelte Studien zur Neueren Deutschen Sprache und Literatur.* Berlin, 1978.

Schelling, Friedrich Wilhelm Joseph: *Aphorismen über die Naturphilosophie.* Historisch-kritische Ausgabe. Band I 15. Herausgegeben von Ives Radrizzani. Stuttgart: Frommann- Holzboog, 2019.

Schelling, Friedrich Wilhelm Joseph: *Darstellung meines Systems der Philosophie.* Historisch-kritische Ausgabe. Band I 10: Schriften 1801. Hrsg. von Manfred Durner. Stuttgart: Frommann- Holzboog, 2009.

Schelling, Friedrich Wilhelm Joseph: *‚System der gesammten Philosophie' und weiteren Schriften (1804-1807).* Historisch-kritische Ausgabe. Band II 7,1-2. Hrsg. von Christoph Binkelmann und Daniel Unger. Stuttgart: Frommann-Holzboog, 2021.

Schelling, Friedrich Wilhelm Joseph: *Von der Weltseele. – eine Hypothese der höhern Physik zur Erklärung des allgemeinen Organismus* (1798). Historisch-kritische Ausgabe. Band I 6. Hrsg. von Jörg Jantzen. Stuttgart: Frommann-Holzboog, 2000.

Schelling, Friedrich Wilhelm Joseph: *Ideen zu einer Philosophie der Natur (1803).* Historisch-kritische Ausgabe. Band I 13. Hrsg. von Manfred Durner und Patrick Leistner. Stuttgart: Frommann-Holzboog, 2017.

Schelling, Friedrich Wilhelm Joseph: *Ueber das Verhältniß des Realen und Idealen in der Natur.* Historisch-kritische Ausgabe. Band I 16,1. Hrsg. von Ives Radrizzani. Stuttgart: Frommann-Holzboog, 2022.

Schelling, Friedrich Wilhelm Joseph: *›Philosophische Untersuchungen über das Wesen der menschlichen Freyheit‹ und andere Texte* (1809). Historisch-kritische Ausgabe. Band I 17. Hrsg. von Christoph Binkelmann, Thomas Buchheim, Thomas Frish und Vick Müller-Lüneschloß. Stuttgart: Frommann-Holzboog, 2018.

Schelling, Friedrich Wilhelm Joseph: *Weltalter-Fragmente. Aus den Manuskripten des Berliner Nachlasses.* Hrsg. von Klaus Grotsch. Schellingiana, Bd. 13.1 und 13.2. Stuttgart/Bad Cannstatt: Frommann-Holzboog, 2002.

Schelling, Friedrich Wilhelm Joseph: *Darstellung des Naturprocesses* (1843/44). Sämmtliche Werke, Band I 10. Hrsg. von K.F.A. Schelling. Stuttgart: Cotta, 1856-1861.

Shibuya, Rie. *Individualität und Selbstheit. Schellings Weg zur Selbstbildung der Persönlichkeit.* München: Paderborn, 2005.

Uhland, Ludwig. „Die sanften Tage". In: *Gedichte.* Stuttgart et. al, 1815.

Da inteligível infinitude de Deus ao organismo infinito da Natureza em Schelling[1]

Márcia Gonçalves
(UERJ)

O objetivo deste trabalho é mostrar que, ao longo de seu desenvolvimento filosófico, o jovem Schelling modifica sua concepção de infinito ou de absoluto, passando da caracterização do aspecto inteligível de Deus para a caracterização do aspecto orgânico da natureza.

Dividirei minha exposição em três partes, correspondentes a diferentes etapas de seu desenvolvimento filosófico. Minha primeira hipótese interpretativa é que nessas diferentes fases de sua filosofia, Schelling desenvolveu seu conceito de infinito em três diferentes dimensões, cada uma mais elevada e mais complexa que a anterior. Essas dimensões são aqui interpretadas por meio de três figuras geométricas: a linha, o círculo e a esfera.

Inicialmente, em sua filosofia transcendental, ainda influenciada pelo pensamento de Fichte, Schelling pensa a relação entre a subjetividade humana finita e a divindade absoluta tal como uma linha reta infinita, cujo fim último seria apenas um ideal, na forma de um progresso moral ou de uma aproximação infinita a Deus.

1. A realização desse trabalho foi possível graças ao apoio do CNPq (Bolsa de Produtividade em Pesquisa), da CAPES (PROBRAL Capes-DAAD) e da UERJ (Programa Prociência). Expresso aqui meus agradecimentos a essas instituições.

Na segunda fase de seu desenvolvimento, em sua filosofia da natureza, essa relação entre a natureza finita e a divindade infinita alcança uma dimensão mais elevada, na forma de uma circularidade infinita, a qual representa a constante interação entre a produtividade subjetiva e os produtos finitos ou entre *natura naturans* e *natura naturata*.

Em sua filosofia da identidade, Schelling concebe a infinitude em uma dimensão ainda mais elevada, na medida em que descreve a identidade entre Deus e Universo tal como uma esfera infinita que pulsa em um movimento constante de expansão e coesão.

Uma outra hipótese interpretativa que pretendo aqui demostrar é de que nos sistemas de juventude de Schelling, a infinitude da autointuição, da autorreflexão e da autorreferência do ser humano coincide ou se identifica cada vez mais com a infinitude do autoconhecimento, da autoafirmação e da autorrevelação de Deus, e esta infinitude também se expressa e se realiza como autoformação, autoprodução e auto movimento infinitos da natureza.

Essa identidade pode ser imediatamente reconhecida na citação contida no título deste trabalho. A expressão "infinitude inteligível de Deus" (*intelligible Unendlichkeit Gottes*)[2], presente no parágrafo 252 do *System der gesammten Philosophie und der Naturphilosophie insbesondere*, de 1804, contém uma ambiguidade dialética. Nela, Deus pode ser compreendido tanto como um genitivo subjetivo quanto como um genitivo objetivo. Ou seja: a "infinitude de Deus" (*Unendlichkeit Gottes*) é tanto filosoficamente inteligível e racionalmente compreensível, quanto é, ela mesma, absolutamente inteligente e racional.

Minha intenção é mostrar que, desde o início de sua formação filosófica, Schelling propõe pensar o absoluto como a identidade entre a subjetividade finita e a objetividade infinita e vice-versa. Na filosofia transcendental, entretanto, a identidade é pensada negativamente como um esforço (*Streben*) ao infinito,

---

2. Schelling, F.W.J., *System der gesammten Philosophie und der Naturphilosophie insbesondere* (1804). II. Zweiter oder besonderer Theil. \ B) Specielle Naturphilosophie oder Construktion der einzelnen Potenzen der Natur. \ §. 252. Sämmtliche Werke (SW), I 6, 479. A seguir citado como *System* (1804). Esta edição das obras de Schelling será a seguir citada com as iniciais SW seguidas do número da série em algarismos romanos, do número do volume e das páginas em algarismos arábicos.

representado como uma linha reta em direção a uma síntese que nunca se realiza. Na filosofia da natureza, essa linha reta se fecha em um círculo, tal como um laço infinito e divino que reúne todas as coisas finitas da natureza. Na filosofia da identidade, essa circularidade infinita se eleva à dimensão de uma esfera orgânica que se move infinitamente na construção do sistema do mundo. Para fundamentar a possibilidade de que a consciência humana reconhece a infinitude divina na natureza, Schelling desenvolve ao longo de seus primeiros escritos a tese de uma intuição intelectual enquanto identidade entre o processo infinito de autoconhecimento da consciência humana e o processo igualmente infinito do autoconhecimento divino por meio da construção do sistema do mundo. Nesse sentido, a concepção schellinguiana de Deus ou do absoluto implica não apenas a identidade circular e infinita de subjetividade e objetividade, mas também a esfericidade infinita do movimento de expansão e contração do universo.

Para demonstrar esta hipótese interpretativa, dividirei esse trabalho em três parágrafos. No primeiro interpretarei o conceito de deus presente na filosofia transcendental de Schelling como linearidade infinita, por meio da análise de sua crítica ao progresso infinito. No segundo parágrafo, interpretarei o conceito de deus presente na filosofia da natureza de Schelling como circularidade infinita a partir da análise sua tese sobre a gravidade (*Schwere*) como laço divino que conecta todas as coisas finitas. No terceiro e último parágrafo interpretarei o conceito de deus presente na filosofia da identidade de Schelling como uma esfericidade infinita, por meio da análise de suas teses sobre a infinitude atual e a identidade absoluta da ideia de Deus e do sistema do mundo.

1. *Deus como linearidade infinita na filosofia transcendental de Schelling*

Em sua obra de 1795 intitulada *Do eu como princípio da Filosofia ou sobre o incondicionado no saber humano*, Schelling lamenta que a assim chamada „filosofia teórica" seja incapaz de conceber a identidade entre Deus e a subjetividade finita e que considere Deus apenas como um objeto. A impossibilidade de pensar a identidade entre o absoluto infinito e a subjetividade humana finita era para o jovem Schelling a responsável pelo "conceito contraditório" de uma "prova ontológica da existência de um objeto", no caso, de Deus.[3]

Na filosofia transcendental de Fichte, Schelling reconhece a possibilidade da suspensão do problema da oposição entre sujeito e objeto, por meio da concepção de uma unidade entre "eu" e "não-eu" no absoluto ou em Deus. Porém, essa suspensão do problema da oposição entre eu e não-eu ou entre espírito e natureza em Fichte não seria, segundo Schelling, nenhuma solução efetiva, pois, ao invés de desatar o nó de Górdio, que representa as contradições da razão teórica, Fichte resolve cortá-lo por meio da exigência absoluta de uma razão prática. Essa "exigência" para alcançar a unidade é de fato uma tendência infinita que nunca alcança sua finalidade.[4]

Deste modo, já nessa sua primeira obra de filosofia transcendental, Schelling busca uma alternativa para o conceito de Deus, que não seja apenas uma representação abstrata nem a representação de um infinito em oposição tanto à subjetividade humana quanto à objetividade da natureza, pensadas como finitas. Mas essa alternativa não poderia consistir em uma identidade entre finito e infinito apenas como um ideal inatingível na forma, por exemplo, de um progresso moral infinito.

Em suas *Cartas Filosóficas sobre o Dogmatismo e Criticismo*, também publicadas em 1795, Schelling descreve a "ideia de um Deus moral" como uma "representação antropomórfica" vazia.[5] Provavelmente por compará-la com as figuras mítico-poéticas da antiguidade, ele afirma que a representação

3. Cf. Schelling, F.W.J., *Von Ich als Prinzip der Philosophie oder über das Unbedingte im menschlichen Wissen*. Historisch-kritische Ausgabe, Bd. I 2, 91 (nota D). (A seguir citado como *Von Ich* seguido das referências à edição). Citaremos essa edição das obras de Schelling, também chamada *Akademie-Ausgabe* (Edição da Academia) por meio de sua abreviatura padrão AA, seguida, sucessivamente, pelo número de série (em algarismo romano), pelo número do volume e pelo número da página (ambos em algarismo arábico). As referências completas das obras aqui citadas encontram-se na bibliografia ao final deste trabalho.

4. Cf. *Von Ich*, AA I 2, 100.

5. Cf. Schelling, F.W.J., *Philosophische Briefe über Dogmatismus und Kriticismus* (1795) (A seguir citada como *Philosophische Briefe*), AA I 3, 51.

de um Deus moral não possui nenhum aspecto estético, mas também nenhum aspecto filosófico e nem sequer um aspecto sublime.[6] Segundo Schelling, essa ideia de um Deus moral só seria realizável por meio de uma "exigência moral", que por sua vez, nos obriga a "pensar Deus também sob leis morais". Nesse sentido, a ideia de um Deus moral resultaria apenas do interesse da filosofia transcendental em "salvar minha moralidade".[7]

Em *Do Eu como Princípio da Filosofia*, Schelling critica sobretudo a ideia negativa de que o eu empírico não pode alcançar o eu infinito, devido a seu próprio modo finito e limitado de pensar. A busca do eu empírico para alcançar o eu absoluto é concebida então como uma busca por uma "eternidade empírica", tal como uma "infinita duração", ou seja, a busca pela "imortalidade". Essa busca se mostra contraditoriamente impossível e irrealizável. Trata-se de um "esforço" (*Streben*) „em direção à pura eternidade". Nas palavras de Schelling: "O objetivo último do eu finito é, portanto, a ampliação até a identidade com o infinito".[8] E aqui se encontra um verdadeiro paradoxo. Essa identidade nunca é efetivada, pois ela é apenas uma aproximação infinita. Aqui se encontra também o corte radical do nó de Górgias por Fichte, pois o único modo de alcançar o absoluto ou o infinito seria por meio da negação absoluta do finito, ou seja, de uma aniquilação tanto da consciência finita, quanto da natureza finita.

Schelling critica então a representação de Deus como um "Eu absoluto que aniquila todo não-eu".[9] O Eu absoluto seria então posto como o fim último do Eu finito, mas essa representação é projetada para "fora" ou para além do Eu finito. E essa seria para Schelling a grande limitação ou falta da filosofia transcendental prática: Ela representa Deus não apenas como "*fora*" do Eu finito e como *idêntica* apenas ao Eu infinito, mas como um infinito, cuja autoafirmação é também a negação e mesmo a destruição de

6. Cf. Ibid., 51.
7. Cf. Ibid., 52.
8. *Von Ich*, AA I 2, 128.
9. Idem.

todo finito.[10] Essa representação implica então uma espécie de libertação negativa das limitações da existência e dos objetos finitos. A liberdade transcendental se expressa então como uma liberdade absoluta em um sentido negativo, já que o fim último do progresso moral seria um dever nunca inteiramente realizado.

A crítica de Schelling à ideia de um progresso moral infinito, ou de uma aproximação infinita em direção à síntese do absoluto, vai se intensificado cada vez mais ao longo de seu desenvolvimento filosófico. Como observa Manfred Frank, "Em sua forma madura, a filosofia da identidade de Schelling não tem nada além de desprezo e zombaria pela ideia da aproximação infinita".[11] Essa crítica de Schelling contra a o progresso infinito se assemelha bastante àquela de Hegel contra a má infinitude. Segundo Paul Ziche, embora ambos os filósofos compartilhem a mesma crítica ao progresso infinito, Schelling, ao contrário de Hegel, não veria para este problema uma solução efetiva, aproximando-se então mais do próprio Fichte.[12] Creio que no âmbito da filosofia transcendental de Schelling não seria possível de fato haver nenhuma solução efetiva. Contudo, como tentarei mostrar mais adiante, a reinterpretação de Schelling do conceito de intuição intelectual, derivado da filosofia transcendental, abre uma nova possibilidade para a solução do problema, tanto de um Deus abstrato e objetivo, quanto de um progresso infinito.

Schelling reinterpreta o conceito de intuição intelectual não como uma capacidade exclusiva de Deus, nem como uma capacidade do eu finito para contemplar o eu infinito, mas sim como autointuição do eu finito em sua atividade infinita. Segundo esta interpretação, o "eu" reconhece, nessa sua atividade, não apenas sua própria representação do infinito, mas também a realidade desse infinito em seu ato de representar. Essa reinterpretação

---

10. Cf. Idem.

11. Frank, Manfred, „*Unendliche Annäherung*". *Die Anfänge der philosophischen Frühromantik*. Frankfurt am Main: Suhrkamp, 1997, p. 662.

12. Cf. Ziche, Paul, *Mathematische und naturwissenschaftliche Modelle in der Philosophie Schellings und Hegels*. Stuttgart — Bad Cannstatt: Frommann-Holzboog, 1996, p.108.

pode ser compreendida como uma síntese entre as concepções de intuição intelectual de Fichte e de Spinoza. Segundo Schelling, "o realismo na divindade, então, em virtude do qual ela vê as coisas em si mesmas, nada mais é do que o idealismo mais perfeito, em virtude do qual ela não vê nada além de si mesma e de sua própria realidade".[13]

Na filosofia de Spinoza Schelling encontra o contraponto para aquela representação negativa e abstrata de Deus, presente ainda no idealismo transcendental. Segundo Schelling, em Spinoza, Deus é representado não somente como objeto, mas como objeto infinito que contêm em si todos os objetos, ou seja, a totalidade da natureza. Schelling diferencia assim o conceito spinozista de Deus daquele "sujeito absoluto" que excluía de si toda a objetividade.[14] Para Schelling, pelo fato de Spinoza não conceber a substância absoluta como um mero objeto, não seria possível conhecê-la, nem por meio de uma intuição sensível, nem por meio de um conceito, mas tão somente por meio de uma intuição intelectual: "Para ele (Spinoza), o mundo nunca é mundo, o objeto absoluto nunca é um objeto; nenhuma intuição sensível, nenhum conceito atinge sua substância única; ele está presente em sua infinitude apenas para a intuição intelectual".[15]

A meu ver, a proposta de Schelling de superar a representação abstrata de um Deus moral, se encontra nessa reinterpretação sobre o conceito spinozano de intuição intelectual, ao mesmo tempo que envolve uma radicalização do idealismo transcendental de Fichte.

Em sua obra escrita entre 1796 e 1797 intitulada *Tratados para esclarecimento do idealismo da Doutrina da Ciência* (*Abhandlungen zur Erläuterung des Idealismus der Wissenschaftslehre*), Schelling esclarece a importância da intuição intelectual na filosofia transcendental de Fichte. Na tendência infinita do eu em busca do absoluto, Schelling reconhece já um movimento de reprodução de si que dará origem a autoconsciência. No esforço para realizar o infinito, o espírito consegue intuir a si mesmo. Nas palavras de

13. *Philosophische Briefe*, AA I 3, 100.
14. Cf. *Von Ich*, AA I 2, 139.
15. Ibid., AA I 2, 94-95.

Schelling: "Todas as ações do espírito visam apresentar o infinito no finito. O objetivo de todas essas ações é a autoconsciência e a história dessas ações nada mais é do que a história da autoconsciência".[16]

Alguns anos mais tarde, em seu *Sistema do Idealismo Transcendental*, de 1800, Schelling irá reavaliar o papel da intuição intelectual no âmbito da filosofia transcendental, enquanto uma "constante autointuição" na ação do pensamento filosófico que, ao contrário do pensamento comum, "na medida em que se torna consciente do conceito enquanto ato, se eleva ao *conceito do conceito*".[17] E completa Schelling, dizendo que:

> A natureza do modo de consideração transcendental deve, portanto, consistir no fato de que nela também isso, que em todos os outros pensamentos, conhecimentos ou ações escapam à consciência e é absolutamente não-objetivo, é trazido à consciência e se torna objetivo; em suma, em um constante tornar-se-objeto do subjetivo.[18]

No sistema de 1800, Schelling eleva então o conceito de intuição intelectual à atividade autorreflexiva da autoconsciência, pensada não mais como um ideal a ser alcançado na forma de uma linearidade má-infinita. A autorreflexão da consciência já indica aqui um movimento de seu retorno a si mesma, que só pode ser plenamente compreendido por meio da mediação de uma filosofia da natureza. Nesta obra de 1800, que marca a transição de uma filosofia da natureza para uma filosofia da identidade, a prioridade de Schelling é pensar não propriamente a intuição intelectual como órgão de um filosofar mais avançado e mais concreto, mas sim a intuição produtiva,

---

16. Schelling, F.W.J., *Abhandlungen zur Erläuterung des Idealismus der Wissenschaftslehre*. Sämtliche Werke. Hrsg. von K.F.A. Schelling. Stuttgart: Cotta, 1856-61, Sessão I, Vol. 1, p. 382. (A seguir citaremos essa edição das obras de Schelling por meio da abreviação padrão SW seguida do número da série em algarismo romano, do número do volume e da página em algarismo arábico).

17. Schelling, F.W.J., *System des transzendentalen Idealismus*, SW I 1, 345.

18. Idem.

ou a intuição estética, dando ênfase agora à filosofia da arte e à atividade da arte como a potência mais elevada do espírito.

Porém, em 1802, em sua obra intitulada *Bruno* — que pode ser considerada tipicamente pertencente ao seu sistema da identidade e cujo principal objetivo é discutir, em estilo platônico de um diálogo (como bem indica seu subtítulo "sobre o princípio divino e natural das coisas") —, Schelling retoma a ideia de uma intuição intelectual como o verdadeiro método da filosofia[19] e também como solução para o problema filosófico da relação entre o finito e o infinito: "A intuição intelectual não é apenas temporária, mas permanente; como órgão imutável, é condição do espírito científico em geral e está em todas as partes do saber. Pois é a capacidade em geral de ver o universal no particular, o infinito no finito, ambos reunidos em uma unidade viva".[20]

Logo em seguida, Schelling dá como exemplo de intuição intelectual o conceito especulativo de organismo, presente em sua própria filosofia da natureza, a qual, em contraste com uma análise meramente reflexiva de uma ciência mecanicista natureza, é capaz de unificar finito e infinito, singular e universal, ou ainda conceito e realidade:

> O anatomista que disseca uma planta ou um corpo animal acredita que vê imediatamente a planta ou o organismo animal, mas, na verdade, vê apenas uma única coisa, que chama de planta ou corpo. Ver a planta na planta, o órgão no órgão e, em uma palavra, o conceito, ou a indiferença na diferença, só é possível por meio da intuição intelectual.[21]

Nesse sentido, podemos compreender que o conceito transcendental de intuição intelectual como autointuição do espírito se transforma na filosofia

---

19. Cf. Pätzold, Detlev, „Spinoza als eine Referenz in Schellings Identitätsphilosophie". *Schelling Studien*, Bd. 1. Hrsg. von Lore Hühn, Paul Ziche und Philipp Schwab. Freiburg / München, 2013, p. 138.

20. Schelling, F.W.J., *Bruno oder über das göttliche und natürliche Princip der Dinge*, SW I 4, 362.

21. Idem.

da identidade de Schelling em apresentação do infinito no finito, cujo modelo se encontra no conceito de natureza como todo orgânico desenvolvido a partir de seu sistema de filosofia da natureza. Como veremos a seguir, na filosofia da natureza de Schelling, o conceito de Deus perde a figura de uma linearidade infinita e alcança a dimensão de uma circularidade infinita.

2. *Deus como circularidade infinita na filosofia da natureza de Schelling*

Em seu sistema de filosofia da natureza, construído entre 1797 e 1800, Schelling tem uma concepção de infinito ou de absoluto que pouco se deixa confundir com uma representação religiosa ou moral de Deus. O absoluto da filosofia da natureza de Schelling é basicamente a natureza em sua totalidade orgânica, em sua produtividade infinita e em seu autoconhecimento absoluto. Nessa fase naturalista, materialista e realista de sua filosofia (sem deixar de ser espiritualista e idealista), Schelling fala relativamente pouco em Deus.

Inicialmente, ele considera a hipótese de que "todo o sistema da natureza e, com isso, toda a multiplicidade de seus produtos conformes a fim"[22] tenham sido criados por Deus, ou seja, que a natureza "teria surgido fora de nós por meio da força criadora de uma divindade".[23] Mas essa hipótese é logo afastada com a construção de sua teoria da autoformação da matéria.

Em sua primeira obra de filosofia da natureza, intitulada *Ideias para uma Filosofia da Natureza* (acima citada), Schelling já diferencia (apenas didaticamente) dois aspectos da natureza, os quais denomina (usando uma linguagem spinozista) de *natura naturans* e *natura naturata*. Esta última seria a natureza fenomênica, enquanto a primeira é descrita como "absoluto

22. Schelling, F.W.J., *Ideen zu einer Philosophie der Natur*, SWI 2,45. (A seguir citada como *Ideen*)

23. Idem.

ato de conhecimento".[24] Aqui, Schelling compreende a subjetividade da natureza não apenas como produtividade — como a descreverá mais tarde em suas obras de filosofia da identidade —, mas, acima de tudo, como conhecimento e, mais especificamente, como autoconhecimento da própria divindade. Neste mesmo sentido, ele compreende a diferença entre espírito e natureza como sendo apenas formal, na medida em que ambos os aspectos constituem um único e mesmo mundo. Nas palavras de Schelling: "No absoluto, a natureza é uma única unidade com a unidade oposta — que é a do mundo ideal —, por isso mesmo, porém, não há no absoluto nem natureza enquanto natureza, nem mundo ideal enquanto mundo ideal, ambos são, ao contrário, um único mundo".[25]

Incialmente, contudo, ainda influenciado pela filosofia transcendental (de Fichte e Kant), Schelling busca responder não apenas à questão sobre a possibilidade das representações de produtos da natureza, considerados em sua finalidade, ou conformidade a fins, mas também à questão sobre a realidade efetiva dessa conformidade a fins nas coisas mesmas da natureza ou como fora de nosso entendimento. Ele busca compreender e explicar o que denomina de "o vínculo secreto que conecta nosso espírito com a natureza".[26] Antes, entretanto, de defender qualquer tese que poderia parecer mística ou religiosa — tal como a representada pela imagem de uma "alma do mundo" que ele usará um ano depois como título de sua segunda grande obra de filosofia da natureza —, Schelling é incisivo ao afastar qualquer explicação religiosa: "Pois explicar essa conformidade a fins pelo fato de que um entendimento divino é seu autor não é filosofar, mas engajar-se em considerações piedosas".[27] Isso não significa, entretanto, que Schelling recuse nomear o absoluto, concebido como natureza, de Deus: "a natureza

24. Ibid., 67.
25. Idem.
26. Ibid., 55.
27. Idem.

em si, ou a natureza eterna é exatamente o espírito nascido no objetivo, a essência de Deus introduzida na forma".[28]

Schelling considera então a possibilidade de se estabelecer uma visão religiosa do mundo como tentativa de decifrar os mistérios da natureza que ainda povoam a era moderna.[29] Pois, segundo ele, embora o espírito de seu tempo esteja propriamente voltado para dentro de si mesmo, o chamado mundo ideal só poderá vir à luz ou tornar-se inteiramente esclarecido — quer dizer, autoconsciente —, depois que o chamado mistério da natureza for decifrado.[30] E é essa a grande tarefa de sua filosofia da natureza.

Nesta primeira obra de filosofia da natureza, de 1797, Schelling considera dois princípios opostos da natureza: um é chamado "princípio receptivo" (*empfangendes Princip*) ou "princípio materno", o outro é chamado "princípio ativo" ou "o princípio gerador" (*das zeugende Princip*). Ambos os princípios se manifestariam materialmente na natureza enquanto gravidade e luz. É importante observar que a gravidade é concebida aqui não como uma mera força exterior à matéria, mas como "*fundamento* da existência" ou como o que Schelling denomina ainda de "natureza na natureza". A luz, por outro lado, é descrita por ele como "o divino na natureza".[31] O processo da formação da natureza é então concebido não como um mero movimento linear evolutivo, em direção, por exemplo, ao ser autoconsciente, mas sim, já ele mesmo, como uma circularidade infinita: "Finalmente, quando apreendermos a natureza resumidamente em um único todo (...), ela tornar-se-á uma linha circular, que retorna a si mesma, sendo um sistema fechado em si mesmo."[32]

Ao contrário de ser apenas uma figura representada, ou um esquema matemático abstrato, a imagem da circularidade equivale aqui ao sistema da natureza concreto, no qual se conectam finito e infinito, real e ideal, material e espiritual, natural e divino. E nessa mesma circularidade infinita Schelling

28. Idem.

29. Cf. Ibid., 72-73.

30. Cf. Idem.

31. Cf. Ibid., 109-110.

32. Ibid., 54.

concebe também o autoconhecimento de Deus: "A matéria, considerada absoluta, é, portanto, nada mais do que o lado real do conhecimento absoluto, e, como tal, ela é una com a própria natureza eterna, na qual o espírito de Deus efetiva de modo eterno a infinitude na finitude".[33]

No tratado *Sobre a Relação do Real com o Ideal na Natureza*, publicado como introdução para a segunda edição da *Alma do Mundo*, Schelling descreve Deus, segundo um ditado da antiguidade, como "aquele ser que é em toda parte o centro, até mesmo na periferia e, portanto, não é periferia de nenhum lugar".[34] Ele usa aqui, conscientemente, essa imagem da circularidade, não como uma figura geométrica estática, mas sim como um movimento que conecta o ponto central do círculo com o posterior traçado da linha circular, tal como no ato de desenhar essa figura geométrica com auxílio de um compasso. Em termos da filosofia da natureza, Schelling traduz o centro do círculo como a gravidade. A luz, que podemos sempre interpretar como o equivalente ao conceito moderno de energia, poderia ser aqui também interpretada como os raios que conectam o centro da matéria à periferia de todo o universo.

Schelling volta a utilizar a mesma imagem do círculo, em sua segunda obra de filosofia da natureza, datada de 1798 e intitulada *Von der Weltseele*, para descrever o movimento da luz. Enquanto segunda potência da matéria, a luz se move como um fluxo que parte do centro e se expande até a periferia. Determinada pelo predomínio da força de expansão, a luz supera a característica mais universal da matéria, ligada à gravidade: "A matéria, que, em todo sistema, flui do centro para a periferia; a *luz*, move-se com tanta força e velocidade, que alguns até duvidaram de sua materialidade, porque lhe falta o caráter geral da matéria, a inércia".[35]

É importante então observar essa recusa de Schelling de intuir o processo da natureza como um progresso linear infinito, tal como o faz a consciência comum finita. O fim último desse progresso, adverte Schelling

33. Ibid.,225.

34. Ibid., 363.

35. Schelling, F.W.J., *Von der Weltseele — eine Hypothese der höhern Physik zur Erklärung des allgemeinen Organismus*, SW I 2, 382. (A seguir citada como Weltseele).

em seu tratado *Sobre a relação entre o real e o ideal*, é projetado pela chamada "falsa imaginação" em uma distância inatingível:

> Na medida em que, ao contrário, o Deus na gravidade se mostra em toda parte como o centro, e a infinitude de sua natureza, que a falsa imaginação busca em distância infinita, se anuncia totalmente no presente e em todos os pontos, ele suspende assim aquela flutuação da imaginação, através da qual ela procura em vão reunir a unidade da natureza com a totalidade, e a totalidade com a unidade[36].

Em suas *Ideias para uma Filosofia da Natureza*, Schelling concebe a gravidade como um "laço divino" que une e organiza todas as coisas naturais finitas: "a gravidade é, por si, o Deus total e indivisível"[37]. Mas essa indivisibilidade se expressa, segundo Schelling, não como mera onipresença ou onipotência, e sim como "unidade na multiplicidade, como eterno no temporal", ou seja, como unidade de infinito e finito.[38]

Esse laço divino da matéria pesada é então também concebido como mediador dos dois princípios da natureza, como unificador de *natura naturans* e *natura naturata*, ou como "o eternamente criador".[39] Contudo, a autoformação da matéria é concebida por Schelling não somente como um modo não transcendente de criação divina, mas sobretudo como autoconhecimento de Deus. Porém, este autoconhecimento não se limita a um processo isolado na natureza, como, por exemplo, apenas ao reino vegetal ou apenas ao reino animal.[40] A circularidade infinita do autoconhecimento absoluto se completa apenas na intuição racional da unidade universal, ou seja, na manifestação da espiritualidade científica, ou da autoconsciência capaz de conceber a natureza como absoluta.

---

36. Ibid., 366.
37. *Ideen*, SW I 2, 371.
38. *Weltseele*, SW I 2,371.
39. Cf. Ibid., 376.
40. Cf. Idem.

Neste sentido, Schelling anuncia que o objetivo de sua filosofia da natureza é demonstrar a realidade efetiva, no sentido mais estrito, isto é, a existência viva de um Deus, que se deixa reconhecer tanto na totalidade das coisas quanto na menor parte da matéria. Essa evidência dispensa qualquer prova da existência de Deus:

> Como alguém pode ter perguntado sobre provas dessa existência? Pode-se perguntar sobre a existência da existência? Há uma totalidade das coisas, assim como há o eterno; mas Deus é como o Uno nesta totalidade; este uno em tudo é reconhecível em todas as partes da matéria, tudo vive apenas nele.[41]

E antes que possa ser acusado de místico ou dogmático, Schelling se defende, dizendo que em sua filosofia não existe nem transcendência nem imanência divinas, já que a filosofia da natureza suspende essa oposição e, em suas palavras, "nela tudo conflui para um mundo cheio de Deus".[42] Essa expansão divina no mundo consiste tão somente na auto-organização, na autoformação e na autoprodução da matéria: "A natureza não é meramente produto de uma criação incompreensível, mas a própria criação; não só a aparição ou revelação do eterno, mas, ao mesmo tempo, precisamente, o próprio eterno".[43]

No tratado *Sobre a relação do real e do ideal na natureza*, Schelling lembra da máxima spinozista de que Deus é tanto *natura naturans* quanto *natura naturata*, e faz um convite para aqueles que desejam conhecer a divindade: "Quanto mais conhecemos as coisas individuais, mais conhecemos Deus, diz Spinoza, e com convicção cada vez maior devemos ainda clamar àqueles que buscam a ciência do eterno: Venham para a física e reconheçam o eterno!"[44]

Essa identidade entre Deus e natureza na filosofia da natureza de Schelling envolve assim a circularidade infinita da autoprodução do universo enquanto sistema ou totalidade orgânica. No prefácio à primeira edição de sua obra de

41. Ibid., 376-377.
42. Ibid.,377.
43. Ibid., 378.
44. Ibid.,378.

1798, Schelling esclarece a transformação de um modelo linear de infinitude em um modelo circular, enquanto passagem de uma concepção mecanicista de natureza, fundada na representação de uma cadeia infinita de causas e efeitos externos uns aos outros, para uma concepção organicista de natureza:

> Para mim, organização nada mais é do que o fluxo retido de causas e efeitos. Somente onde a natureza não obstrui esse fluxo é que ele segue fluindo (em linha reta). Mas quando ele é obstruído, ele retorna (em uma linha curva) em direção a si mesmo. Nesse sentido, nem toda sucessão de causas e efeitos é excluída pelo conceito de organismo; este conceito descreve apenas uma sucessão, que, encerrada no interior de certos limites, flui de volta para si mesma.[45]

Essa descrição do processo de formação do mundo como um fluxo que se expande do centro para a periferia e depois retorna da periferia ao centro vai se desenvolvendo nas próximas obras de Schelling, de tal modo que a imagem da circularidade infinita será substituída pela ideia de esferas infinitas.

Na obra de 1799, intitulada *Introdução ao esboço de um sistema de filosofia da natureza*, Schelling afirma que: "O universo, que se desenvolve do centro para a periferia, *busca* o ponto em que também os opostos mais extremos da natureza se suspendam. A impossibilidade dessa suspensão assegura a infinitude do universo"[46]. Por outro lado, na primeira sessão principal da obra *Erster Entwurf eines Systems der Naturphilosophie*, intitulada *Demonstração de que a natureza é orgânica em seus produtos mais originários*, Schelling esclarece que "Quando o impulso produtivo não se move mais do centro para a periferia, então vai da periferia para o centro, isto é, quando as esferas de formação não podem mais ser ampliadas, surgem esferas mais estreitas, nestas, novamente outras, e assim até o infinito."[47] Essa infinitude das esferas

45. Ibid.,349.

46. Schelling, F.W.J., *Einleitung zu dem Entwurf eines Systems der Naturphilosophie*, SW I 3, 312.

47. Schelling, F.W.J., *Erster Entwurf eines Systems der Naturphilosophie*, SW I 3, 55 (nota 1).

de formação do universo podem ser interpretadas novamente como uma espécie de má-infinitude, ou como uma sucessão infinita de esferas, como parece indicar essa outra passagem de *Erster Entwurf*: "a natureza se organiza *até o infinito*, ou seja, toda esfera à qual a natureza é limitada tem que conter ela mesma uma infinitude, então dentro de cada esfera formam-se outras esferas, e nessas esferas, novamente outras, e assim até o infinito".[48] Porém, Schelling desfaz qualquer ideia de uma má infinitude quando esclarece, em nota, que se trata apenas do processo infinito de produção, decomposição e reprodução dos produtos da natureza, compreendido de modo mais universal na relação de cada produto individual com seu gênero (*Gattung*).[49] A ideia de má infinitude ou de sucessão linear e sem fim de esferas de formação na natureza pode assim ser superada quando consideramos a nova concepção schellinguiana de infinitude em sua filosofia da identidade, na qual ele descreve o universo como uma esfera que se expande e se contrai constantemente. Essa concepção, que analisaremos a seguir, também será fundamental para uma nova ideia filosófica de Deus como esfericidade infinita.

3. *Deus como esfericidade infinita na filosofia da identidade de Schelling*

Em sua obra de 1804, intitulada *Sistema da filosofia completa e da filosofia da natureza em particular*, Schelling diferencia dois modos de conceber o infinito, ou mesmo dois modos diferentes de infinitude: a infinitude empírica e a infinitude atual.[50] A infinitude empírica consiste em uma sucessão quantitativa sem fim, equivalente ao que Hegel chamará de má infinitude. A infinitude atual é, ao contrário, considerada por Schelling como a única espécie de infinitude capaz de revelar o verdadeiro conceito especulativo de Deus.

48. Idem.

49. Cf. Idem.

50. Cf. *System* (1804), SW I 6, 385.

Embora considerada uma obra de filosofia da identidade, o *Sistema* de 1804 trata de modo essencial da filosofia da natureza. No parágrafo 252, Schelling começa descrevendo o modo como intuímos sensivelmente as esferas do universo ou os corpos celestes. Essa intuição imediata nos leva a pensar, por exemplo, no Sol e na Terra como esferas quantitativamente diferentes que aparecem exteriores uma à outra. Esse modo de pensar habitual, nos leva a considerar o universo como o que Schelling denomina de "infinitude empírica".[51] Schelling propõe pensar o universo não como constituído por sucessivas esferas quantitativamente infinitas, mas como um todo infinito, constituído por um único centro. Esse centro, que ele aqui denomina de "substância infinita" pode ser também compreendido como Deus.

A grande dificuldade para entender essa ideia se encontra, segundo Schelling, nessa maneira habitual da intuição do universo. Nossa "imaginação" tende a considerar os corpos celestes apenas em sua relação, ou seja, como se formassem uma série sem fim de centros, ou como uma "progressão sem fim de centro para centro".[52] Schelling visa então corrigir essa consideração meramente relativa das esferas do universo, substituindo a representação habitual de uma infinitude empírica e sensível, pela concepção filosófica especulativa de uma verdadeira infinitude, que ele denomina de "infinitude atual e inteligível de Deus".[53]

A atualidade da infinitude de Deus pode ser interpretada aqui como a possibilidade de sua imediata realização por meio da intuição. Porém, essa intuição não pode ser meramente sensível, nem na forma abstrata da representação. A inteligibilidade dessa infinitude divina significa que ela precisa ser apreendida e realizada como uma intuição intelectual ou racional.

Para caracterizar essa infinitude atual e inteligível de Deus, Schelling afirma que Deus "vê" todo o universo, com um "único olhar". Mas Deus vê o universo imediatamente também por meio da ideia, de modo que ele vê, ao mesmo tempo, tanto a totalidade da esfera infinita do universo quanto cada esfera individual contida no universo. Deus intui intelectualmente tanto a

51. Cf. *System (1804)*, SW I 6, 479.
52. Ibid., 480.
53. Ibid., 479.

universalidade quanto a multiplicidade, mas ambas em uma única unidade. Segundo Schelling, a multiplicidade das coisas finitas mostra-se independente da universalidade e da totalidade do universo apenas para a intuição sensível ou para a representação finita. Apenas essa consciência finita intui as esferas do universo e as coisas da natureza como "ser-fora-um-do-outro no espaço."[54]

O que Schelling propõe nesta sua obra de 1804 é não apenas uma superação do modo habitual de intuir o universo, mas, acima de tudo, uma intuição conceitual e racional do universo, de acordo com a qual, por exemplo, não existe espaço (nem tempo, como veremos mais adiante!) em sua definição habitual. Essa concepção do universo segundo a ideia, faz com que a separação das esferas do universo sejam apenas uma ilusão da intuição sensível:

> Em si, porém, não há espaço no universo. Por exemplo, o olhar do Sol e o olhar da Terra é um e o mesmo olhar. A Terra está no Sol de maneira inteligível; a Terra não poderia ser sem estar no Sol, mas o Sol também não seria Sol sem conceber a Terra. Então um inclui o outro. Segundo a ideia, a Terra está no Sol e em si mesma.[55]

A proposta de compreender a unidade na multiplicidade e a multiplicidade na unidade, sem a necessidade do espaço, parte da crítica contra a infinitude empírica praticada não apenas pela intuição e imaginação sensíveis, mas também por uma parte dos cientistas que se apoiam na infinitude quantitativa matemática e na ideia de um progresso infinito, "como os astrônomos (diz Schelling), que "buscam a sublimidade nos números".[56]

No entanto, Schelling justifica nossa tendência de ver toda a construção do universo como um sistema gravitacional relativo, no qual apenas os fenômenos de movimentos espaciais e temporais[57] são representados na forma

54. Idem.
55. Ibid., 479-480.
56. Ibid., 480.
57. Idem.

de "leis da construção do mundo",[58] como uma característica da finitude do nosso ser. Devido à nossa própria finitude, somos obviamente incapazes de contemplar intelectualmente a unidade na diversidade e a diversidade na unidade. Nossa tendência inata, então, é ver o infinito do universo por meio de noções abstratas de espaço e tempo, isto é, como infinito empírico. A infinitude atual e inteligível de Deus não pode, porém, ser intuída por meio das categorias do espaço e do tempo. Neste sentido, Schelling descreve essa infinitude como um sistema aberto ou, mais precisamente, como um "mundo aberto das ideias" (*aufgeschlossene Ideenwelt*). Não se trata, entretanto, de um mundo puramente ideal e pensado, pois esse mundo das ideias, segundo Schelling, se manifesta ou aparece realmente como sistema do mundo:

> O sistema do mundo é o mundo aberto das ideias ou a infinitude atual da ideia de Deus, na medida em que também aparece como tal. Na ideia de Deus, e por isso mesmo também no universo, considerado absolutamente, há uma infinitude atual e atemporal, que só surge como tal no sistema do mundo (...)[59]

Para esclarecer a realidade e a atualidade da infinitude de Deus no sistema do mundo, Schelling afirma que em cada uma das esferas do universo se manifesta a totalidade do sistema do mundo, tal como um grande sistema orgânico, onde cada órgão não apenas se conecta ao todo, mas espelha e reflete o organismo como um todo: "pois todo corpo celeste é não apenas em si um *actu infinitum*, mas o sistema do mundo como um todo também mostra que tudo dentro do universo é infinitamente novamente igual ao universo".[60]

Schelling diferencia assim a infinitude atual do universo de uma infinitude espacial, tal como uma "extensão sem fim no espaço". Trata-se de uma infinitude da ideia, a qual, porém, não permanece enclausurada em um mundo fechado das ideias, mas que se apresenta no mundo real, dentro do

58. Idem.
59. Ibid., 481.
60. Ibid., 481-482.

universo, e que se manifesta tanto em suas esferas finitas quanto no sistema do mundo singular, formando com o mundo uma identidade absoluta.[61]

A infinitude atual e inteligível de Deus não é, portanto, em Schelling nenhum objeto de crença religiosa. Trata-se de uma tese racional de sua filosofia da identidade para demostrar a unidade absoluta entre a ordem dos sistemas singulares da natureza e a ordem universal do mundo. Esses sistemas singulares podem ser, por exemplo, tanto a ordem dos planetas, no nível do macrocosmo, quanto as estruturas químicas orgânicas, no nível microscópico ou do microcosmo. Reconhecer a unidade entre ambos implica então em conceber a ordem universal do mundo como um laço divino, que tudo une e tudo conecta.[62]

Conclusão

Neste trabalho, tentei mostrar como o conceito de Deus de Schelling mudou no curso do desenvolvimento de seus primeiros sistemas filosóficos. Descrevi essa transformação por meio de três figuras geométricas diferentes: a linha reta, o círculo e a esfera. Interpretei a passagem de uma figura a outra como um processo de elevação de uma dimensão para outra. No entanto, tentei mostrar que a mudança no conceito de Deus nos sistemas schellinguianos de filosofia transcendental, de filosofia da natureza e de filosofia da identidade envolve mais do que elevações para dimensões mais concretas. Essa mudança também inclui uma ênfase crescente na ideia de processo, movimento e sistema. Nesse sentido, mostramos que a imagem do círculo surge como resultado do retorno da linha reta, que representava um caminho sem fim, através da compreensão de que o progresso infinito, que ligava negativamente, na filosofia transcendental, o eu finito ao eu absoluto, revelou-se e transformou-se em introspecção, autorreflexão e autoconsciência do ser humano em sua busca

61. Ibid., 482.
62. Cf. Idem.

pela infinitude de Deus. Mostramos ainda que a primeira transição da filosofia transcendental para a filosofia da natureza inclui a compreensão de Schelling de que o divino, o absoluto e o infinito se manifestam necessariamente nos processos circulares da natureza. A circularidade infinita da natureza também significa, como tentei enfatizar na segunda seção deste trabalho, a unidade entre o infinito e o finito, proibida ou interditada pela filosofia transcendental. Tentei descrever essa unidade como a interrelação necessária entre produtividade e produtos naturais, ou entre subjetividade e objetividade. Por fim, espero ter mostrado que, na transição do sistema da filosofia da natureza para o sistema da filosofia da identidade, Schelling ainda está preocupado com a apresentação de seu conceito de natureza, mas agora sob a égide mais radical da identidade entre o finito e o infinito. Essa identidade radical influenciou inevitavelmente o seu conceito filosófico de Deus. Mas, ao contrário do que possa parecer, a filosofia da identidade de Schelling não elimina a compreensão da finitude, da diferença ou da multiplicidade. Minha proposta então foi mostrar que o novo conceito de Deus na filosofia da identidade, enquanto infinitude atual, envolve a expansão da ideia de movimento por meio da imagem das esferas infinitas de formação da natureza. De acordo com minha interpretação, essas esferas não devem ser confundidas com corpos celestes. Trata-se, ao contrário, de ciclos de formação do universo, tais como processos de criação de novas formas, mas também de decomposição da matéria, de expansão de energia e de reprodução de organismos. Portanto, interpretei a imagem de Schelling das infinitas esferas de formação do universo não como figuras estáticas, mas sim como movimentos pulsantes e infinitos do universo, como seus ciclos de expansão e coesão, ou como seus movimentos centrífugo e centrípeto. A concepção filosófica sobre a infinitude da natureza de Schelling não nos autoriza, entretanto, a nos relacionarmos com a natureza como se ela fosse uma fonte infinita e inesgotável para a satisfação de nossos desejos finitos (ou mal infinitos). Muito pelo contrário. A tese schellinguiana da identidade entre Deus e Natureza nos ensina não apenas a respeitá-la como sagrada, mas sobretudo a reconhecer em nós esta mesma identidade. Uma identidade que significa que somos todos parte de um único e mesmo organismo e que a negação e mesmo a destruição da natureza, mesmo que a despeito de ampliar o que consideramos cultura ou espírito, significa em última instância nossa autodestruição.

Podemos aprender com Schelling que a vida infinita de Deus não está apenas no mundo celestial das estrelas ou dos corpos celestes elevados, mas também no microcosmo de nosso planeta. A vida infinita do universo também está nos sistemas químicos e aparentemente inorgânicos e até na vida dos microrganismos, que muitas vezes são vistos como nossos inimigos mortais. A vida infinita é encontrada em todo o sistema orgânico da Terra. No entanto, o desequilíbrio desse sistema apresenta-se cada vez mais como consequência do modo de vida humano baseado na ideia de um progresso científico e econômico sem fim, que reduz a natureza à mera fonte de consumo humano. Para reverter esse sistema de exploração e devastação do planeta são necessárias manifestações e ação políticas efetivas. Mas a filosofia nos dá a chance de expandir não apenas nosso conceito de natureza, nosso conceito de mundo e nosso conceito de Deus, mas, acima de tudo, nossa autoconsciência.

Referências bibliográficas

Frank, Manfred. *„Unendliche Annäherung". Die Anfänge der philosophischen Frühromantik*. Frankfurt am Main: Suhrkamp, 1997.

Gonçalves, Márcia C. F. "O problema da passagem do infinito para o finito nas filosofias de Schelling e Hegel". *Revista Eletrônica de Estudos Hegelianos*, v.17, p.11-42, 2020.

Gonçalves, Márcia C. F. "Die Genese der Naturphilosophie des jungen Schellings aus der Frage nach der Möglichkeit der Konstruktion eines Systems der Philosophie". *Revista Portuguesa de Filosofia*, v.72, p. 321-338, 2016.

Pätzold, Detlev. „Spinoza als eine Referenz in Schellings Identitätsphilosophie". *Schelling Studien*, Bd. 1. Hrsg. von Lore Hühn, Paul Ziche und Philipp Schwab. Freiburg /München, 2013.

Schelling, Friedrich Wilhelm Joseph. *Vom Ich als Princip der Philosophie oder über das Unbedingte im menschlichen Wissen* (1795). Sämtliche Werke. Hrsg. von K.F.A. Schelling. Bd. I,1. Stuttgart: Cotta, 1856-61 (Ed. Digital: Total Verlag, 1997).

Schelling, Friedrich Wilhelm Joseph. *Vom Ich als Princip der Philosophie oder über das Unbedingte im menschlichen Wissen* (1795). Historisch-kritische Ausgabe.

Band I, 2. Hrsg. von Hartmut Buchner und Jörg Jantzen. Unter Mitwirkung von Adolf Schurr und Anna Maria Schurr-Lorusso. Stuttgart: Frommann-Holzboog, 1980.

Schelling, Friedrich Wilhelm Joseph. *Ideen zu einer Philosophie der Natur* (1803). Historisch-kritische Ausgabe. Band I, 13. Hrsg. von Manfred Dunner und Patrick Leistner. Stuttgart: Frommann-Holzboog, 2017.

Schelling, Friedrich Wilhelm Joseph. *Von der Weltseele. – eine Hypothese der höhern Physik zur Erklärung des allgemeinen Organismus* (1798). Historisch-kritische Ausgabe. Band I, 6. Hrsg. von Jörg Jantzen. Unter Mitwirkung von Thomas Kisser. Stuttgart: Frommann-Holzboog, 2000.

Schelling, Friedrich Wilhelm Joseph. *Da Alma do Mundo*. Trad. de Márcia C. F. Gonçalves. São Paulo: Edusp, 2024 (no prelo).

Schelling, Friedrich Wilhelm Joseph. *Philosophische Briefe über Dogmatismus und Kriticismus* (1795). Historisch-kritische Ausgabe, Band I, 3. Hrsg. von Hartmut Buchner, Wilhelm G. Jacobs und Annemarie Pieper. Stuttgart: Frommann-Holzboog, 1982.

Schelling, Friedrich Wilhelm Joseph. *Erster Entwurf eines Systems der Naturphilosophie* (1799). Historisch-kritische Ausgabe, Band I, 7. Hrsg. von Wilhelm G. Jacobs und Paul Ziche. Stuttgart: Frommann-Holzboog, 2001.

Schelling, Friedrich Wilhelm Joseph. *System des transscendentalen Idealismus* (1800). Historisch-kritische Ausgabe. Band I, 9, 1-2. Hrsg. von Harald Korten und Paul Ziche. Stuttgart: Frommann-Holzboog, 2005.

Schelling, Friedrich Wilhelm Joseph. *System der gesammten Philosophie* (1804). Historisch-kritische Ausgabe, Band II, 7,1-2. Hrsg. von Christoph Binkelmann und Daniel Unger. Stuttgart: Frommann-Holzboog, 2021.

Schelling, Friedrich Wilhelm Joseph. *System der gesammten Philosophie* (1804). Sämtliche Werke. Hrsg. von K.F.A. Schelling. Bd. I,1. Stuttgart: Cotta, 1856-61 (Ed. Digital: Total Verlag, 1997).

Schelling, Friedrich Wilhelm Joseph. *Abhandlungen zur Erläuterung des Idealismus der Wissenschaftslehre*. Sämtliche Werke. Hrsg. von K.F.A. Schelling. Bd. I, 1. Stuttgart: Cotta, 1856-61 (Ed. Digital: Total Verlag, 1997).

Schelling, Friedrich Wilhelm Joseph. *Allgemeine Übersicht* (1797-1798). Historisch-kritische Ausgabe, Band I, 4. Hrsg. von Wilhelm G. Jacobs und Walter Schieche, unter Mitwirkung von Hartmut Buchner. Stuttgart: Frommann-Holzboog, 1988.

Schelling, Friedrich Wilhelm Joseph. *Bruno*. Historisch-kritische Ausgabe, Band I,11,2 (Schriften 1802). Hrsg. von Manfred Durner und Ives Radrizzani. Stuttgart: Frommann-Holzboog, 2016.

Schelling, Friedrich Wilhelm Joseph. *Bruno*. Sämtliche Werke. Hrsg. von K.F.A. Schelling. Bd. I,4. Stuttgart: Cotta, 1856-61 (Ed. Digital: Total Verlag, 1997).

Ziche, Paul. *Mathematische und naturwissenschaftliche Modelle in der Philosophie Schellings und Hegels*. Stuttgart — Bad Cannstatt: Frommann-Holzboog, 1996.

O pecado original[1] do pensar

Anne Becker
(Humboldt-Universität zu Berlin)

O puro ser do início da *Ciência da lógica* configura — assim se assumiria com base na pletora das mais diversas interpretações[2] acumuladas através dos séculos — um começo de dimensão quase bíblica. O começo poderia, portanto, despertar a impressão de que o ser, que notadamente a princípio surge como "puro ser, — sem nenhuma determinação ulterior",[3] configura uma unidade quase paradisíaca do pensar. Assim, a esfera universal e completamente indeterminada do puro pensar designaria uma consonância do pensar consigo, e isso seria uma identidade do pensar que permanece ainda em inocência infantil e prescinde de todas as contradições e obstáculos da finitude humana. Como "o reino do puro pensamento", que apresenta a verdade "tal como ela é sem véu em si e por si mesma",[4] esse estado de inocência seria também um estado de harmonia. A isso se conformaria também a expressão de Hegel, que a *Ciência da lógica* "é

1. O termo *Sündenfall* vertemos aqui por *pecado original* no sentido agostiniano da queda pelo pecado e expulsão de Adão e Eva do paraíso. (Nota do tradutor)

2. Cf. p. ex., Andreas Arndt: „Die anfangende Reflexion, Anmerkungen zum Anfang der Wissenschaft der Logik", in: *Die Sache der Logik, Begriff und Realität bei Hegel*, Hamburg 2023, pp. 39-59.

3. Georg Wilhelm Friedrich Hegel: „Wissenschaft der Logik, Erster Band, Die objektive Logik, Erstes Buch, Die Lehre vom Sein (1832)", in: Georg Wilhelm Friedrich Hegel, *Hauptwerke in sechs Bänden, Band 3*, Hamburg 2015, p. 68 — doravante: GW 21.

4. Hegel: GW 21, 34.

a apresentação de Deus, como ele é em sua essência infinita antes da criação da natureza e de um espírito finito".[5] A passagem do puro ser ao ser-aí corresponderia dessa maneira à queda (*Abfall*) do paraíso e a tarefa da Lógica consistiria em reconquistar a unidade paradisíaca, que, presumidamente, seria alcançada com a ideia absoluta.

No entanto, o puro ser não configura nenhum tipo de identidade harmônica consigo e tampouco Deus está no começo da Lógica. Como Georg Sans enfatiza com justiça, Deus para Hegel vale "não apenas (no sentido da 'Lógica do ser') como o infinito, no qual tudo é, ou (no sentido da 'Lógica da essência') como o absoluto, que tem efeito sobre tudo, mas ele deve ser compreendido (no sentido da 'Lógica do conceito') como espírito, que se reconhece a si no seu outro".[6] O conceito de Deus pode ser esclarecido, correlatamente, "com a determinação da relação entre sujeito finito e espírito infinito".[7] E para isso é necessário incluir o sujeito finito no processo da autodeterminação de Deus.[8] Como Georg Sans, também parto do princípio de que "a Lógica de Hegel tomada por si mesma não pode valer como teologia filosófica".[9] Eu gostaria não apenas de compreender a Lógica, fundamentalmente, *não* como uma "renovação do argumento ontológico",[10] e no que segue até mesmo não pretendo tematizar sequer uma vez mais de perto e em geral a relação extremamente difícil entre a *Filosofia da religião* e a *Lógica*; mas gostaria de apenas lembrar que, correspondente à expressão de Hegel, religião e filosofia compartilham o mesmo conteúdo, a saber, a verdade. Ambos valem para Hegel, portanto, como espírito absoluto e estão numa relação muito íntima uma com a outra. A isso concerne a diferença segundo a qual a religião lida com representações, ao passo que

5. Ibid.

6. Sans, Georg: „Hegels philosophische Theologie nach Kant", in *Theologie und Philosophie* 91 (3/2016), pp. 386-401, no caso: p. 400.

7. Sans, G.: Hegels philosophische Theologie, 400.

8. Cf. Sans, G.: Hegels philosophische Theologie, 395.

9. Sans, G.: Hegels philosophische Theologie, 387.

10. Cf. p. ex.: Dieter Henrich, *Der ontologische Gottesbeweis, Sein Problem und seine Geschichte in der Neuzeit*, Tübingen 1960.

a filosofia é constituída conceitualmente. Porque a consideração de Deus da *Filosofia da religião* ocupa uma posição mediadora entre a intuição da arte e o conceito da filosofia,[11] e porque, além disso, ela permanece exterior ao conceito (enquanto conceito) numa maneira completamente determinada, ela pode, a meu ver (sob a pressuposição de que Filosofia e Lógica são *um*) ser aproximada de maneira sistemática com a "Lógica da reflexão", sobretudo com as determinações da reflexão. Porque as determinações de reflexão (de maneira semelhante à *Filosofia da religião*) apresentam um tipo de autorrelação, cuja determinidade ao mesmo são determinações tomadas de outro,[12] quase não surpreende que Hegel tematize o pecado original exatamente nesse trecho, i.e., numa *Nota* ao conceito da *Contradição*, que é a última das determinações de reflexão.[13]

No que segue irei defender, portanto, partindo de algumas observações gerais retiradas da *Filosofia da história* e da *religião*, que o pecado original em Hegel tem uma função central, que deve ser entendida de maneira altamente positiva no sentido de uma delimitação em face de Agostinho[14] e uma inclinação a Leibniz,[15] mas nisso não direi nada sobre a tradição histórico-filosófica das interpretações sobre o pecado original. A equivocidade intencionada com

11. Cf. Georg Wilhelm Friedrich Hegel: „Der Begriff der Religion — nach der Vorlesung von 1827", in: Georg Wilhelm Friedrich Hegel, *Vorlesungen über die Philosophie der Religion, Band 1: Einleitung, Begriff der Religion*, ed. por Walter Jaeschke, Hamburg 1993, pp. 265-338, no caso: p 292 — doravante: Religionsphilosophie I; Georg Wilhelm Friedrich Hegel: „Enzyklopädie der philosophischen Wissenschaften im Grundrisse (1830)", in Georg Wilhelm Friedrich Hegel Hauptwerke in sechs Bänden, Band 6, Hamburg 2025, § 572, pp. 554 sq. — doravante GW 20; Nadine Mooren, *Hegel und die Religion, Eine Untersuchung zum Verhältnis von Religion, Philosophie und Theologie in Hegels System*, Hegel-Studien, Beiheft 66, Hamburg 2018.

12. Cf. Georg Wilhelm Friedrich Hegel, „Wissenschaft der Logik, Zweites Buch, Die Lehre vom Wesen (1813)", in: Georg Wilhelm Friedrich Hegel, *Hauptwerke in sechs Bänden, Band 3*, Hamburg 2015, p. 259 — doravante: GW 11.

13. Cf. Hegel, GW 11, 284.

14. Cf. sobre esse tema p.ex.: Stephen Greenblatt: *Die Geschichte von Adam und Eva, Der mächtigste Mythos der Menschheit*, München 2018, em especial o Capítulo 6: „Urfreiheit, Ursünde", pp. 119-143 e o Capítulo 7: „Evas Verderben", pp. 145-164.

15. Cf. p. ex.: Hans Poser: Leibniz' Philosophie, Über die Einheit von Metaphysik und Wissenschaft, Hamburg 2016, pp. 218 sq.

o título "Pecado original *do* pensar" visa a uma diferenciação entre o pecado original que visa ao pensar do mal e do pecado como um objeto do pensar, e que de fato deve ser interpretado com [o auxílio] das determinações da reflexão, e o pecado original do próprio pensar que se obstina numa separação unilateral em face da realidade (o que Hegel tematiza no início da "Lógica do conceito"). Isso quer dizer que em primeiro lugar devemos detalhar a consumação religiosa do pecado com o auxílio das determinações de reflexão (i.e.: identidade, diferença, oposição e contradição) e mostrar como elas consumam a passagem ao/no fundamento. Na conclusão, ainda indicarei, pelo menos, que o ato performativo do próprio pensar comete diretamente um pecado original quando afirma a separação fundamental entre pensar e realidade. A verdadeira infinitude de Deus não se deixa mais captar na forma de uma reflexão, mas aponta ao final, através do fundamento da "Lógica da essência", para o fundamento *suficiente*, o qual, expressamente, "como o fundamento teleológico, e propriedade (*Eigenthum*) do conceito e da mediação feita por ele, a qual e razão".[16] Consequentemente é primeiramente a "infinitude e santidade" da ideia absoluta "em si/dentro de si"[17] que expressa a unidade verdadeira — verdadeira porque se diferencia em si/dentro de si.

O pecado original como história eterna do espírito

A consciência ou o conhecer se apresenta em Hegel "como suspensão da unidade natural" do ser humano e o pecado original não é "de maneira alguma acidental, mas uma história eterna do espírito".[18] Mas: "A satisfação da reconciliação não é ainda presente para o ser humano, a satisfação final e

---

16. Hegel: GW 11, 293.

17. Georg Wilhelm Friedrich Hegel, *Wissenschaft der Logik, Zweiter Band, Die subjektive Logik oder die Lehre des Begriffs*, in: Georg Wilhelm Friedrich Hegel, Hauptwerke in sechs Bänden, Band 4, Hamburg 2015, p. 236 — doravante: GW 12.

18. Georg Wilhelm Friedrich Hegel, *Vorlesungen über die Philosophie der Geschichte*, Theorie Werkausgabe, Band 12, Frankfurt a. M. 1970, p. 389 — doravante: TWA 12.

absoluta da essência inteira do ser humano ainda não foi encontrada, mas [é] apenas unicamente para Deus".[19]

O pecado original como história necessária e eterna do espírito tem (como figura suspensa) seu lugar sistemático em Hegel na religião absoluta ou consumada da cristandade e assume aí uma posição central. Como mito da criação do ser humano, a história bíblica do *Gênesis* não indica, no confronto hegeliano com o tema, nenhuma narrativa meramente histórica sobre Adão e Eva, os primeiros seres humanos, mas apresenta sistemática e genericamente o tornar-se humano, e com isso, simultaneamente, o devir do conceito. No pecado jaz "o despertar da consciência no próprio ser humano e esta é a história que se repete em cada ser humano".[20] Com a separação universal consumada com o ato do pecado está conectada, porém, não apenas "essa cisão/duplicação (*Entzweiung*) maravilhosa",[21] o "abandonar a unidade natural",[22] mas, ao mesmo tempo, a "pecabilidade natural do ser humano e a necessidade de um auxílio contra ela".[23] Por isso, segundo Hegel, mostra-se "como adequado considerar o mito do pecado original no cume da Lógica, posto que este lida com o conhecer e trata, mesmo nesse mito, do conhecer, de sua origem e significado".[24]

Neste trecho é importante notar que Hegel desvia de uma interpretação puramente histórica e apreende o mito por assim dizer de uma maneira "simbólica", na medida em que visa à [sua] "racionalidade interior":[25]

---

19. Hegel: TWA 12, p. 390.

20. Georg Wilhelm Friedrich Hegel: *Vorlesungen über die Wissenschaft der Logik*, in: Gesammelte Werke, Band 23/3: *Sekundäre Überlieferungen, Anhang*, Düsseldorf 2017, p. 825 (Adendo 3 ao § 24 da *Enciclopédia* de 1830) — doravante: GW 23/3.

21. Hegel: GW 23/3, 825.

22. Idem.

23. Idem.

24. Idem.

25. Joachim Ringleben, *Hegels Theorie der Sünde, Die subjektivitäts-logische Konstruktion eines theologischen Begriffs*, Berlin/New York 1977, p. 23.

> Assim, ouvimos falar de uma árvore do conhecimento do bem e do mal. Com a narrativa de que se comeu de seu fruto começa a se tornar duvidoso se essa árvore deva ser tomada como algo histórico (*Historisches*), como uma árvore de fato, histórica (*geschichtlicher*), e o mesmo com respeito ao haver dela se comido; mas se se fala de uma árvore do conhecimento, então tem-se um contraste e logo se é conduzido à visada de que não se trata de nenhum fruto e de que a árvore não deva ser tomada em sentido próprio.[26]

Aqui se trata do conteúdo espiritual,[27] e "todos os conteúdos espirituais, todas as relações em geral [...] são [no pensamento religioso] representações",[28] do que decorre que se trata do conteúdo da representação. O conteúdo precisa se justificar por si próprio, ele precisa se legitimar e se dar a conhecer como verdadeiro.[29] Um problema neste curso, porém, é que o mesmo conteúdo se apresenta na representação como uma sincronia/um estar ao lado um do outro (*Nebeneinander*) e no pensar como contradição,[30] ou como se denomina na "Lógica da essência": a contradição está encoberta, para o representar, na simplicidade das determinações.[31]

O conteúdo da *Filosofia da religião* consiste, segundo Hegel, em "que Deus é a verdade absoluta, a verdade de tudo, e subjetivamente, que a religião apenas é o saber absolutamente verdadeiro".[32] Que o conteúdo religioso seja dado na forma da representação, isso significa que ele não está dado conceitualmente, mas em conexão com intuições (*Anschauungen*). "A filosofia tem o mesmo conteúdo, a verdade; ela é o espírito do mundo em geral";[33]

---

26. Hegel: *Religionsphilosophie* I, 293.
27. Ibid., 295.
28. Ibid., 296.
29. Ibid., 298.
30. Ibid., 302. O texto diz o seguinte: "Na representação tudo tem seu lugar tranquilamente um ao lado do outro: o ser humano é livre e também dependente; ele é o bem no mundo e também o mal. No pensar, ao contrário, esses lados são relacionados um ao outro, e assim vem à luz a contradição."
31. Hegel: GW 11, 288.
32. Hegel: *Religionsphilosophie I*, 266.
33. Ibid., 292.

ela "apenas transforma nossas representações em conceitos, o conteúdo permanece sempre o mesmo".[34] Aqui não é o lugar para uma explicação completa da dificuldade de "separar, num conteúdo, aquilo que pertence apenas à representação",[35] em particular porque também nas representações se trata de conteúdos espirituais, os quais "têm seu lugar e solo no pensar".[36] Que a religião permanece na forma do representar, isso significa que o saber de si se apresenta para o ser humano, na religião, de maneira exterior, e de fato na figura de uma "essência divina que lhe está contraposta".[37] Ao passo que a representação "recai, inevitavelmente, atrás do conceito",[38] este, ao contrário, apenas na filosofia se torna "forma absoluta, que se determina a si mesma por conteúdo e permanece a ele idêntico e com isso é o conhecer daquela necessidade que é em si e para si".[39]

Investigação do pecado original com o auxílio da "Lógica da essência"[40]

Se de um lado a representação imediata da religião natural "primitiva",[41] historicamente primeira, parte de um *estado de inocência* no qual "o

34. Ibid., 292.

35. Ibid., 292.

36. Ibid., 296.

37. Andreas Arndt e Walter Jaeschke: *Die Klassische Deutsche Philosophie nach Kant, Systeme der reinen Vernunft und ihre Kritik* 1785-1845, München 2012, p. 674.

38. Arndt/Jaeschke: *Die Klassische Deutsche Philosophie nach Kant*, p. 680.

39. Hegel: GW 20, 555 (§ 573).

40. Cf. sobre isso também Michael Wolff, *Der Begriff des Widerspruchs, Eine Studie zur Dialektik Kants und Hegels*, Frankfurt a.M. 2010, em particular o sexto capítulo: "A negatividade da "Lógica da essência", pp. 101-109.

41. Georg Wilhelm Friedrich Hegel: „Die bestimmte Religion — nach der Vorlesung von 1824", in Georg Wilhelm Friedrich Hegel, *Vorlesungen über die Philosophie der Religion, Band 2, Die bestimmte Religion*, Hamburg 1994, pp. 139-410, no caso: p. 146 — doravante: *Religionsphilosophie II*.

espiritual" permanece "ainda nessa primeira unidade inobscurecida, imperturbada, com o natural",[42] é, por outro, conhecido, segundo Hegel, "que se tentou comprovar essa representação por um aspecto da religião cristã. Na Bíblia se narra de um paraíso [...]".[43] O importante aqui é "o interior, o teor (*Gehalt*) dessa representação";[44] a unidade divina neste trecho, se ainda não configura qualquer unidade refletida de Deus e do ser humano, é no entanto ainda sempre reflexo humano e, com isso, começo imediato; o ser humano está "nessa unidade enquanto espírito subjetivo".[45]

Trata-se da relação simples (*einfache Beziehung*) ou identidade de Deus com o ser humano singular, uma relação puramente interior (*rein innerliches Verhältnis*), que, porém, é verdade apenas abstrata, incompleta. Ela não pode expressar uma determinação do ser humano, tampouco uma determinação de Deus: "Quando alguém abre a boca e promete dizer o que seja Deus, e diz que Deus é... Deus, decepciona-se a expectativa, pois esperava-se uma determinação diversa".[46]

A identidade simples do paraíso é problemática, Deus e o ser humano devem, dentro do paraíso, i.e., numa relação *una*, ser absolutamente idênticos; para que pudesse haver de fato uma relação, é preciso que eles também possam ser separados, que se deixem, portanto, de alguma maneira, diferenciar um do outro. Como unidade que começa imediatamente, a paradisíaca é, portanto, apenas uma unidade provisória e problemática.

Tal como em Hegel a identidade já é em si a contradição, destaca-se aqui que a unidade natural do ser humano no paraíso configura qualquer coisa, menos uma representação livre de contradição: "Na Bíblia se narra de um paraíso [...], do qual se reclama como de um paraíso perdido e o qual é representado como o fim pelo qual o ser humano aspira e que ele

42. Hegel: Religionsphilosophie II, 144.
43. Ibid., 146 sq.
44. Ibid., 147.
45. Idem.
46. Hegel: GW 11, 264.

alcançará".[47] Essa representação capta a "unidade natural do ser humano com Deus"[48] como "a verdadeira relação da religião",[49] mas nisso deixa de observar que a perda já aponta para o teor de verdade deficitário. Deixando de lado todas as críticas particulares às religiões diferentes e determinadas, neste trecho trata-se de considerar a necessidade divina da perda: "se essa perda for considerada como contida na necessidade divina, então aquele paraíso representado reduz-se a um momento da totalidade divina, mas a um tal momento que não é o absoluto e o verdadeiro".[50] Joachim Ringleben enfatiza, por isso, que a indicação à perda do paraíso expressa "numa maneira diretamente provocadora o que é peculiar à interpretação de Hegel, tão outra e até repulsiva ao pensamento teológico tradicional".[51] E isso porque ele "consuma uma direta inversão (*Umkehrung*) das valorações cristãs quando critica a representação do paraíso".[52]

Posto que meu interesse, aqui, se direciona menos aos valores cristão que à determinação lógica da unidade com Deus, então o importante aqui, sobretudo, é que essa unidade no paraíso é representada como "uma unidade natural, uma unidade imediata";[53] sendo assim, ela designa "a unidade do ser humano com sua natureza".[54] Mas a natureza do ser humano, segundo Hegel, consiste precisamente em sua liberdade e sua espiritualidade, o que, no entanto, apresenta "o saber pensante do universal que é em si e por si"[55] e, por isso, de maneira alguma apresenta uma "unidade natural, imediata":[56]

47. Hegel: *Religionsphilosophie* II, 147.
48. Ibid., 148.
49. Idem.
50. Idem.
51. Ringleben: *Hegels Theorie der Sünde*, p. 38.
52. Idem.
53. Hegel: *Religionsphilosophie* II, p. 148.
54. Idem.
55. Ibid., p. 149.
56. Idem.

> O espiritual, por oposição, não está em unidade imediata com sua natureza; ao contrário, ele tem de percorrer o caminho através da cisão/duplicação infinita; [a unidade é] apenas em primeiro lugar como viabilização de uma reconciliação; ela não é nenhum reconciliar desde o berço, e essa unidade verdadeira é apenas alcançada mediante um processo, mediante, em primeiro lugar, a separação de sua existência imediata e o retorno a si.[57]

O conceito é assim, a princípio, apenas o conceito, o subjetivo, de forma tal que é apenas o *conteúdo em si*, i.e., um primeiro, imediato, do que decorre que esse imediato aqui é o finito. O finito, por sua vez, "não é, porém, o absoluto; nem as coisas finitas são absolutamente, tampouco o é a determinação de pensamento, lógica, da finitude, mas a determinação delas [das coisas finitas e suas determinações de pensamento] é precisamente isto: não ser verdadeiras nelas mesmas".[58] Esse ser-em-si (*Ansichsein*) do conceito "não é nada mais que a maneira imediata do conceito, o ser imediato, e temos isso naquilo que é natural".[59] A naturalidade do espírito é, de um lado, preenchida com conteúdo, mas esse conteúdo consiste, no entanto, ainda em imediatas "inclinações e desejos, impulsos, paixões"[60] e isso "constitui a finitude do espírito".[61]

Há, portanto, a princípio, um déficit no próprio ser-em-si, pois: "O em-si (*Ansich*) é o imediato; porque, no entanto, o em-si do ser humano é o espírito, então o ser humano é em sua imediatidade já o sair dela, a queda em face dela, de seu [do espírito] ser-em-si".[62] Para alcançar o espírito, o progresso logicamente necessário consiste em que ele, primeiro, "se torne para si

---

57. Idem.

58. Georg Wilhelm Friedrich Hegel: „Die vollendete Religion — nach der Vorlesung von 1827", in: Georg Wilhelm Friedrich Hegel, *Vorlesungen über die Philosophie der Religion, Band 3: Die vollendete Religion*, Hamburg 1995, pp. 177-270, no caso: p. 190 — doravante: *Religionsphilosophie* III.

59. Hegel: *Religionsphilosophie* III, p. 191.

60. Idem.

61. Idem.

62. Hegel: *Religionsphilosophie* III, p. 222.

o que ele e em si".[63] Bem distantes de uma "mediação infinita", racional, "do pensar",[64] encontramo-nos aqui ainda sempre na primeira existência, animal, do ser humano.[65] O paraíso é, assim, representado por Hegel em primeiro lugar como "um parque, onde apenas os animais e não os seres humanos podem permanecer":[66] "O ser humano vivia no paraíso; ele pode ser chamado de um jardim zoológico (*Tiergarten*)".[67] O paraíso, em certo sentido como 'estado de natureza' do ser humano, não configura então nenhuma unidade originária e harmônica, posto que a 'natureza', i.e., o ser-em-si do ser humano é ele próprio contraditório. O "'estado de inocência', esse estado paradisíaco, é o estado animal".[68]

No interior do paraíso não há nenhuma diferença entre bem e mal, ambos têm, no estado de inocência, uma subsistência equivalente um em face do outro. A identidade abstrata não está, aqui, em nenhuma relação determinada, não há, aqui, duas coisas diferentes uma da outra que seriam relacionadas uma à outra. O bem é apenas o bem e o mal, apenas o mal, não há nenhuma relação de ambos um com o outro, eles aparecem *de alguma maneira* em geral, diversos, quer dizer, [diversidade] externa e equivalente, e são, por isso, ainda completamente indeterminados. Se a diferença recíproca é indiferente, então ambos os em igual medida diversos não se comportam como idênticos e diferentes um para o outro, eles são única e exclusivamente diversos em geral. Hegel desdobra essa relação em igualdade e desigualdade, o que, porém, apresenta apenas uma comparação exterior. Pode-se sim assumir que Deus é o bem infinito e o ser humano o mal finito, mas com isso não se disse nada determinado. Quer dizer, com isso nem Deus, tampouco o ser humano, e muito menos a relação de ambos, são determinados. Trata-se

63. Ibid., p. 191.

64. Hegel: *Religionsphilosophie* II, p. 152.

65. Cf. Idem.

66. Hegel: TWA 12, p. 389.

67. Idem.

68. Hegel: TWA 12, 389. Cf. também: Friedrich Hermanni: „Vom Bösen, das noch stets das Gute schafft, Hegels sündenfalltheoretische Funktionalisierung des Bösen", in: *Jahrbuch für Philosophie* (1995), pp. 29-46, no caso: p. 34.

de uma reflexão exterior de um sujeito singular, por assim dizer um terceiro, que única e exclusivamente faz a comparação.[69] Deus e o ser humano são, assim, *nele*, nesse terceiro, portanto em uma relação *una*, no entanto, são considerados como diversos e outros. Quer dizer, Deus como o bem infinito e não o ser humano, e o ser humano como o mal finito e não Deus. Importante aqui é que ambos, dentro dessa reflexão, são de fato o mesmo, e que se trata, aqui, apenas de uma representação exterior inconsequente: Deus e o ser humano, o infinito e o finito, ou bem e mal são diversos numa relação una e se igualam um ao outro numa mesma e única diferenciação.

A diferença recai, assim, numa relação una, exteriormente e a essa estrutura Hegel chama de oposição.[70] O "pecado é o conhecer do bem e do mal enquanto separação",[71] com o que a diferença se consuma no interior da separação: "Ela e a unidade da identidade e da diversidade; seus momentos são, numa identidade una, diversos; assim, eles estão opostos".[72] Trata-se de momentos refletidos de uma unidade, os quais se tornam de tal forma lados independentes, que são reflexão do todo alternadamente e cada um é tanto em si mesmo como também seu outro. Cada um tem sua determinidade não num outro, mas nele mesmo.[73] O independente, aqui, considerado logicamente, é o positivo e o negativo; na *Filosofia da religião* corresponde ao positivo o bem e ao negativo, o mal. Deus é o positivo ou o bem, desde que ele tenha o mal em si mesmo e este esteja nele suspenso; o mal é como momento em Deus e não é indiferente nele, posto que ele não é determinado pelo mal, mas, expressamente, como o bem.

O ser humano se torna ser humano, diferencia-se afinal de Deus como o negativo ou o mal, na medida em que ultrapassa a proibição divina. Comer

---

69. Hegel: GW 11, p. 269.

70. Cf. Hegel: GW 11, 272.

71. Hegel: TWA 12, 391. Concordo neste trecho com Hermanni contra Ringleben: que o mal é necessário. Em Ringleben, por contraste, trata-se do pecado apenas como algo acidental. Cf.: Hermanni: *Vom Bösen, das noch stets das Gute schafft*, p. 40 sq. e Ringleben: *Hegels Theorie der Sünde*, p. 266.

72. Hegel: GW 11, p. 272.

73. Ibid., p. 273.

a maçã é seu [do ser humano] comportamento próprio e explícito contra a bondade infinita. O ser humano se põe, nisso, numa oposição ao bem, ou melhor, primeiro a serpente desloca o bem para a possibilidade da oposição, na medida em que ela oferta ao ser humano a maçã. Este é o momento da luta do bem com o mal, ambos já não são mais equivalentes entre si. Já a oferta, i.e., a tentação, configura uma oposição à qual o ser humano precisa se comportar. Comer a maçã corresponde então ao negativo ou mal, na medida em que apresenta uma suspensão do bem no mal. Deus como o bem é assim o suspender do mal em si, e o ser humano, enquanto o mal, é suspender do bem em si. Na medida em que Deus é o mal suspenso, ele o contém em si, o mal não é mais apenas o subsistir indiferente nele, mas também seu próprio não-ser — Deus é apenas na medida em que ele não é o mal. E inversamente com o ser humano: o mal contêm não apenas o bem como subsistir indiferente em si, mas é ao mesmo tempo não-ser do bem. Por isso Deus e o ser humano não são dois outros um em face do outro que configurariam duas unidades diferentes e externas uma à outra. A representação — de que Deus é e que permanece no paraíso, do qual o ser humano foi expulso e cujo fim [do ser humano] consiste apenas em alcançar de volta o estado paradisíaco e retornar a ele — precisa, portanto, ser rejeitada.

Deus é o bem apenas na medida em que ele está na unidade com seu não-ser. O positivo e o negativo são, assim, apenas na relação com o respectivo outro nessa unidade, a qual, por sua vez, não é ela mesma. Cada um retornou ao/no seu outro[74] e cada um é unidade independente, unidade consigo que é por si. Nessa medida, temos então dois entes-por-si (*Fürsichseiende*), que para si têm sua respectiva independência na medida em que o respectivo outro permanece neles (*an ihnen*),[75] quer dizer, externamente. Assim, cada uma por si, elas configuram a oposição inteira fechada em si: "Enquanto esse todo, cada um é mediado consigo através do seu outro, e contêm o mesmo.

74. Ibid., p. 274.

75. A expressão '*an ihnen*' neste contexto, por contraste com '*in ihnen*', indica uma relação de contato exterior, superficial. A língua inglesa por exemplo traduz mais facilmente esse jogo ao alternar a preposição '*on*' e '*in*'. (N. do T.)

Mas, além disso, ele é mediado consigo através do não-ser do seu outro; assim ele é unidade que é por si e exclui o outro fora de si".[76]

Na relação excludente há apenas um, que não é mais indiferença em face do outro, mas que consuma a exclusão do outro fora de si. Ele alcança seu próprio ser-por-si na medida em que ao mesmo tempo exclui o em si outro, que a princípio é apenas como algo exterior nele/sobre ele (*an ihm*). Essa independência é a contradição, pois na mesma perspectiva em que ela contém a outra determinação e por isso é independente, ela exclui a outra fora de si. Na própria independência, portanto, a independência se autoexclui de si. É a unidade de tais que só são na medida em que não são um, e a separação de tais que são separados apenas na mesma relação.

Com isso, não se trata mais de [unidades] que são independentes em si, mas de tais que são independentes através da relação negativa a seu outro. De maneira correlata, o ser-por-si delas se torna possível mediante o pecado: o pecado é trespassamento da proibição divina e apresenta um limite às leis de Deus, e ele marca simultaneamente, como movimento, a queda fora da legislação divina. A 'queda perante Deus' tem, com isso, tal como o devir, a princípio algo aberto, pois no movimento do cair o resultado ainda não pode ser visto de antemão. Uma queda de volta no estado da inocência, quer dizer, um recair no paraíso, está, aqui, excluído de partida, posto que com o pecado foi posto um limite.

No pecado original, contudo, não se ultrapassou apenas a proibição divina. O mais importante consiste, segundo Hegel, em que Deus confirma a serpente e, com isso, reconhece o ser humano como sua imagem e semelhança. Quer dizer, a contradição se resolve, ela soçobra/vai ao fundo (*geht zugrunde*) e, na medida em que ela retorna a seu fundamento, tem nesse fundamento tanto suspensas quanto conservadas a oposição e sua contradição.

O fundamento é a essência como identidade positiva consigo, a qual, simultaneamente, relaciona-se a si apenas como negatividade, determina-se e se faz uma essência independente. No fundamento vem,

---

76. Hegel: GW 11, p. 279

além disso, *tão somente* a determinação da unidade.[77] A unidade surge na medida em que cada um dos opostos independentes reciprocamente se suspende, se torna outro de si mesmo. Eles afundam enquanto independentes, i.e., entes-por-si, e ao mesmo tempo apenas consigo mesmos, e configuram, assim, em sua queda (*Untergang*), na negação, ao mesmo tempo a essência idêntica consigo.

Em resumo, o paraíso não configura, com isso, expressamente, nenhum ideal, ao qual seria o caso de retornar. Como representação de um ideal originário pressuposto, retornar a ele apresentaria uma mera recaída aquém do processo do conhecimento. A recaída é excluída na medida em que o próprio pecado significa uma delimitação; posto que a maçã foi comida, a finitude foi constituída o mal está no mundo, então o conhecimento uma vez consumado não pode mais ser invertido, não há nenhum retorno ao estado da inocência. Antes, o paraíso apresenta um ideal apenas provisório da unidade entre Deus e o ser humano, o qual deverá ser realizado na sequência [e não por um retorno]. O pecado apresenta o primeiro passo para sua realização. Para a unidade verdadeira do ser humano com Deus o importante é, portanto, a cisão/duplicação da unidade imediata, natural-paradisíaca, e nisso há de se entender a cisão e a separação como uma delimitação que corresponde à representação bíblica do pecado original: "expresso teologicamente, isso é o espírito que alcançou o conhecimento do pecado, i.e., que alcançou a consciência da separação infinita, da cisão do interior, do ser-por-si que penetrou até essa consciência, até essa cisão".[78] Todas as naturezas saem para fora de sua inocência, de sua identidade indiferente consigo, relacionam-se a si com seu outro e direcionam-se, com isso, em conclusão, ao fundo, ou retornam ao seu fundamento.

---

77. Ibid., p. 282.

78. Hegel: *Religionsphilosophie* II, p. 152.

O pecado original do pensar

Uma condição do filosofar é, segundo Hegel, que o múltiplo da representação[79] não seja tomado como o real em face do pensado e do conceito. A filosofia dá a perspectiva conceitual do que se relaciona com a realidade. O conceito não é condicionado por uma realidade a ele oposta externamente e o pensar que abstrai não é mero pôr de lado a matéria sensível, mas a redução ao essencial do fenômeno, que afinal só se manifesta no conceito.[80] De fato, a intuição e o ser são o primeiro segundo a natureza, ou uma condição para o conceito, mas intuições e ser não são o incondicionado em si e por si. No conceito, porém, é que toda realidade se suspende, e com isso também a ilusão que eles [as intuições e o ser] tinham enquanto real condicionante.[81]

> Se não se trata da verdade, mas apenas da história (*Historie*), tal como ocorre no representar e ao pensar que aparece (*erscheinenden Denken*), então se pode certamente permanecer com a narrativa de que começamos com sentimentos e intuições, que o entendimento destaca do múltiplo dos sentimentos e intuições uma universalidade ou um abstrato, e que ele, conceitualmente, tem para isso a necessidade daquela base (*Grundlage*) que, nesse abstrair e mesmo em toda a realidade com a qual ela primeiro se mostrou, permanece para o representar. Mas a filosofia não deve ser a narrativa daquilo que acontece, mas o conhecimento daquilo de verdade no interior do acontecimento, e a partir do verdadeiro deve ela, adiante, conceituar aquilo que na narrativa aparece como um mero acontecer.[82]

De maneira correlata, poder-se-ia chamar de o pecado original do próprio pensar que o conceito seja apenas uma forma da universalidade

---

79. Cf. Ringleben: *Hegels Theorie der Sünde*, 86 sq.
80. Hegel: GW 12, p. 21.
81. Ibid., p. 22.
82. Idem.

abstrata ou uma identidade de reflexão vazia à qual toda multiplicidade da realidade se opõe de maneira exterior.

Na unidade natural da realidade inteira, o pensar já está contido. Conhecimento é pecado enquanto separação, do que decorre a pergunta sobre o que é separado de quê. Se é o conceito que se separa da realidade exterior, então nos obstinamos por assim dizer na perspectiva contraditória natural, na qual o conceitual universal está emaranhado com os sentimentos e intuições e na qual ambos [o conceitual e o real] são indiferentes. A separação da realidade natural e do conceito é necessária para o verdadeiro conhecer, mas o conhecer contêm a realidade no conceito. Já desde quando o conceito se põe diante da realidade ele precisa de algum modo, pelo menos de maneira encoberta ou escondida, contê-la em si. A *Lógica* é, sim, uma ciência formal, mas a ciência da forma absoluta, a qual é totalidade em si e contêm a ideia pura da própria verdade. Essa forma absoluta tem nela mesma seu conteúdo ou realidade; o conceito, enquanto não é a identidade trivial, vazia, tem, no momento do determinar absoluto, o conteúdo como as determinações da forma absoluta, quer dizer, tem o conteúdo adequado posto por ele próprio.[83] O conhecimento que apenas está no conceito puro enquanto tal ainda é incompleto, o conceito é algo que se tornou, mas nessa medida ainda não se deu a si sua própria realidade produzida a partir dele próprio. A princípio, como abstração formal, ele é incompleto e precisa passar, a partir de si mesmo, à sua realidade, e de forma tal que ele produz a realidade em si e de si, mas não que ele recaia a uma realidade pronta que se lhe opõe e tome sua fuga no sentido de algo que se manifestou como o inessencial do fenômeno,[84] pois isso seria uma recaída aquém do conhecimento.

Tal como a essência retornou ao seu próprio fundamento, o conceito também precisa retornar ao seu fundamento. O fundamento da essência é ilusão/brilho em outro (*Schein in Anderes*), o que, na passagem das determinações da reflexão da "Lógica da essência", é apenas enquanto um posto imediato. Resta um tipo de exterioridade na essência e a essência

83. Hegel: GW 12, 25.

84. Ibid., 24 sq.

enquanto fundamento resta deficitária, na medida em que o fundamento apenas estabelece a unidade formal que, ao final, foi detalhada nas relações causais (que aqui não consideramos). O fundamento do conceito é então é seu próprio desdobramento (*Ausführung*) na objetividade, ele apenas se torna fundamento/razão suficiente (*zureichender Grund*) quando ele próprio contém em si e afinal inclui na ideia absoluta seus próprios fins. "Ela [a ideia absoluta] apreende em si, portanto, aquelas figurações da finitude real e ideal tal como a infinitude e a santidade, e conceitua-as e conceitua a si mesma".[85]

Trad. Fábio Nolasco

Referências bibliográficas

Arndt, Andreas; Jaeschke, Walter: *Die Klassische Deutsche Philosophie nach Kant, Systeme der reinen Vernunft und ihre Kritik 1785-1845*. München, 2012.

Arndt, Andreas: „Die anfangende Reflexion, Anmerkungen zum Anfang der Wissenschaft der Logik". In: *Die Sache der Logik, Begriff und Realität bei Hegel*. Hamburg, 2023, pp. 39-59.

Henrich, Dieter: *Der ontologische Gottesbeweis, Sein Problem und seine Geschichte in der Neuzeit*. Tübingen, 1960.

Hermanni, Friedrich: „Vom Bösen, das noch stets das Gute schafft, Hegels sündenfalltheoretische Funktionalisierung des Bösen". *Jahrbuch für Philosophie* (1995), pp. 29-46.

Hegel, Georg Wilhelm Friedrich: *Wissenschaft der Logik, Zweites Buch, Die Lehre vom Wesen (1813)*. Hauptwerke in sechs Bänden, Band 3, Hamburg, 2015.

Hegel, Georg Wilhelm Friedrich: *Vorlesungen über die Philosophie der Geschichte*. Theorie Werkausgabe, Band 12, Frankfurt a. M., 1970.

Hegel, Georg Wilhelm Friedrich: *Wissenschaft der Logik, Zweiter Band, Die subjektive Logik oder die Lehre des Begriffs*. Hauptwerke in sechs Bänden, Band 4, Hamburg, 2015.

85. Ibid., 236.

Hegel, Georg Wilhelm Friedrich: „Der Begriff der Religion — nach der Vorlesung von 1827". In: *Vorlesungen über die Philosophie der Religion*, Band 1: Einleitung, Begriff der Religion, ed. por Walter Jaeschke, Hamburg, 1993, pp. 265-338.

Hegel, Georg Wilhelm Friedrich: „Die bestimmte Religion — nach der Vorlesung von 1824". In: *Vorlesungen über die Philosophie der Religion*, Band 2, Die bestimmte Religion, Hamburg, 1994.

Hegel, Georg Wilhelm Friedrich: „Die vollendete Religion — nach der Vorlesung von 1827". In: *Vorlesungen über die Philosophie der Religion*, Band 3: Die vollendete Religion, Hamburg, 1995.

Hegel, Georg Wilhelm Friedrich: *Enzyklopädie der philosophischen Wissenschaften im Grundrisse (1830)*. Hauptwerke in sechs Bänden, Band 6, Hamburg, 2015.

Hegel, Georg Wilhelm Friedrich: *Vorlesungen über die Wissenschaft der Logik*. Gesammelte Werke, Band 23/3: Sekundäre Überlieferungen, Anhang, Düsseldorf, 2017.

Hegel, Georg Wilhelm Friedrich: *Wissenschaft der Logik, Erster Band, Die objektive Logik, Erstes Buch, Die Lehre vom Sein* (1832). Hauptwerke in sechs Bänden, Band 3, Hamburg, 2015.

Poser, Hans: *Leibniz´ Philosophie, Über die Einheit von Metaphysik und Wissenschaft*. Hamburg, 2016.

Ringleben, Joachim: *Hegels Theorie der Sünde, Die subjektivitäts-logische Konstruktion eines theologischen Begriffs*. Berlin/New York, 1977.

Wolff, Michael: *Der Begriff des Widerspruchs, Eine Studie zur Dialektik Kants und Hegels*. Frankfurt a.M., 2010.

Mooren, Nadine: „Hegel und die Religion, Eine Untersuchung zum Verhältnis von Religion, Philosophie und Theologie in Hegels System". *Hegel-Studien*, Beiheft 66, Hamburg, 2018.

Sans, Georg: „Hegels philosophische Theologie nach Kant". *Theologie und Philosophie* 91 (3/2016), pp. 386-401.

Greenblatt, Stephen: *Die Geschichte von Adam und Eva, Der mächtigste Mythos der Menschheit*. München, 2018.

Capítulos esquecidos da pré-história e da história do infinito matemático: Platão, Espinosa, Hegel e a ideia da qualidade das incomensurabilidades

Fábio Mascarenhas Nolasco
(UnB)

O conceito da relação de potência (Potenzverhältnis) é o instrumento fundamental do capítulo da Quantidade da Ciência da lógica, mediante o qual Hegel busca dar solução filosófica para a querela da metafísica dos infinitesimais que ocupou ativamente a discussão da "análise superior" (*höhere Analysis*) ao longo de todo o séc. XVIII. Lagrange, quase na virada do século, havia alcançado formular uma "teoria das funções analíticas" que dispensava a representação dos infinitesimais, das fluxões, séries infinitas e demais auxílios da imaginação, concentrando-se na operacionalização inteiramente analítica do instrumentário algébrico pressuposto pelo cálculo diferencial e integral. O esforço de Hegel consiste, então, em situar historiográfica e logicamente essa solução lagrangiana, elucidando seus pressupostos imediatos na discussão matemática do XVI e XVII, bem como nos métodos de exaustão de Arquimedes e Eudoxo, e dessa pesquisa decorre a formulação mais precisa e articulada do conceito da relação de potência como operador fundamental da conversão das relações quantitativas em qualitativas. Ainda assim, os (pouquíssimos) estudos sobre essa região espinhosa da reflexão filosófica hegeliana ainda não haviam elucidado a contento a origem, bem como o sentido, desse operador crucial da dialética hegeliana. Em 2011, porém, veio a luz o último trabalho do eminente historiador da geometria, Imre Toth, acerca da reflexão platônica sobre os números irracionais (*Platon et l'infini mathématique*). Este trabalho em particular, iluminado por algumas outras contribuições fundamentais de Toth, nos permitem, acredito, reconstituir o elo perdido dessa teoria hegeliana da quadratura.

A pesquisa de Hegel sobre o *cálculo infinitesimal* foi o tema de nossa tese de doutorado (Unicamp, 2015), cujo desiderato foi justamente trazer à tona — e talvez apenas isso — a importância do conceito de relação de potência para a formulação hegeliana do método dialético (tema que retomo na seção 2.). Naqueles anos, de Imre Toth me era conhecido apenas um texto importante, em que se oferecia uma interpretação hegeliana do surgimento e desdobramento das geometrias não-euclidianas.[1] Com o influxo de suas leitura da questão dos números irracionais em Platão (seção 1.) e com um início de comparação entre a maneira hegeliana e espinosana de tratamento do infinito atual (seção 3.), acredito estar agora em vias de talvez começar a compreender em maior detalhe o tema que me havia proposto na tese de doutoramento (o que apenas se indica na seção 4.)

1. *Os números irracionais do Platão tardio, ou pré-história da teoria dos números*

O célebre teorema de Pitágoras, segundo Toth, oferece a determinação de um conjunto infinito de "diagonais dizíveis" (*diagonale effabile*) mediante

1. Toth, I., Mathematische Philosophie und hegelsche Dialektik, Ein Essay, in: Petry, M. (org.), *Hegel und die Naturwissenschaften*, Band II, Fromman-Holzbog: Stuttgart, 1987, pp. 89-182.

a suposição da "forma ideal da diagonal inefável" (*forma ideale della diagonale ineffabile — alogon*).

> A regra, elementar, da sua [sc. das diagonais dizíveis] produção era bem conhecida pelos pitagóricos: o conjunto infinito de tais *logoi* pode ser produzido indiferentemente se se designa o valor ôntico do ser ao não ser, à medida incomensurável da diagonal. (...) o não ser é então cognoscível e de um modo ou de outro estamos constrangidos a atribuir-lhe o ser.[2]

O que se apresenta aqui é um pôr em relação, de um lado, o conjunto das infinitas diagonais mensuráveis (*logoi*) e, de outro, a forma ideal da diagonal incomensurável (*alogon*); de um lado entidades matemáticas possíveis, do outro um não-ser. Mas para os pitagóricos essa relação não se dá entre o ser e o não-ser, entre os números que se permitem dissolver completamente na unidade e aqueles que não o fazem sem deixar resto. O não-ser não é, simplesmente, e por isso não pode ser o outro lado da relação. A idealidade da diagonal incomensurável só pode ser, assim, uma projeção controlada pela relação do ser consigo mesmo, dos *logoi* entre si; a idealização desse *alogon* está, portanto, inteiramente a serviço do *logos*, e o número irracional, mudo, inefável, não é de fato um número.

Parmênides, nesse sentido, não faz mais que confirmar essa tese pitagórica em seu poema.[3] A díade fundamental que regula a segunda parte de sua exposição, dedicada a tudo aquilo que não é o ser uno e imóvel, não diz respeito, assim, à presença de dois princípios em estado de emparelhamento (ou *Paarung*, na terminologia de Husserl). A *doxa* não está, portanto, em relação com o conhecimento verdadeiro do ser. Não há oposição, pois o conhecimento do ser só lida consigo mesmo. Encontramos esse *modus operandi* também no atomismo de Demócrito: o não-ser, na forma do vácuo,

2. Toth, I., *I paradossi di Zenone nel Parmenides di Platone*, Instituto Italiano per gli Studi Philosophici, Napoli, 1994, p. VIII.

3. Cf. Jaeger, W., *Die Theologie der frühen griechischen Denker*, W. Kohlhammer, Stuttgart, 1953, pp. 107-126.

tal como no caso de Parmênides e Pitágoras, tem caráter eminentemente negativo, i.e., privativo, e ainda assim opera uma função fundamental na relação dos átomos entre si, a sua repulsão recíproca. Opera-se, tanto em Pitágoras, em Parmênides, quanto em Demócrito, com o não-ser, mas essa operação está a serviço de sua exclusão.

I. Toth se destaca na pesquisa sobre a filosofia de Platão por nos mostrar que sua produção tardia fez da questão da incomensurabilidade da diagonal, da questão sobre o estatuto científico dos números irracionais, um tópos fundamental da sua pesquisa e um momento fundamental da configuração da dialética. Nessa forma final, a dialética platônica traz à tona os pressupostos metodológicos fundamentais do seu tipo particular de incorporação do não-ser no processo de conhecimento da verdade daquilo que é. De um lado, Platão não estaria inventando nada, mas apenas registrando e elucidando o que seus antecessores Pitágoras, Parmênides, Zenão e Demócrito fizeram. Por outro, ele dá nova formulação à relação entre ser e não-ser. No espaço de uma meta-reflexão de caráter metodológico, a questão da "falsa" polaridade entre ser e não-ser ganha outro relevo. Numa espécie de parricídio consumado, no qual dá um passo a mais, que Zenão não ousaria contra seu mestre, Platão dá sentido positivo à idealidade da diagonal incomensurável, dá direito de cidadania filosófica ao não-ser, ao *alogon*, e assenta, assim, os parâmetros segundo os quais a dialética haveria de ser considerada como instrumento filosófico por excelência, cuja particularidade consistiria precisamente nessa operação determinada com as contradições e paradoxos, não apenas a serviço de uma visão ou iluminação, ou para a refutação de uma opinião, mas para a construção de uma ideia.

Segundo Toth, Platão com isso anuncia o estabelecimento da "tomada de consciência da razão irracional produzida pelo *esprit de géométrie* — a irreversível *conjunctio magna* do saber matemático e da especulação filosófica".[4] Trata-se, pois, de um estágio da pesquisa filosófica e matemática bastante diferente daquele em que se encontravam Pitágoras, Parmênides e Demócrito, e a prova disso encontra-se, segundo Toth, nos trabalhos

4. Toth, 1994, p. IX.

matemáticos de Eudoxo e Euclides, bem como nos apontamentos de Aristóteles sobre a geometria. Ocorre que essa tomada de consciência, essa ampliação radicalíssima dos horizontes matemáticos, encontrou naturalmente em seu caminho ingentes barreiras:

> Platão por muito tempo restará o único a ter articulado a palavra *arithmós* ao irracional. Sua terminologia jamais será adotada pelos geômetras gregos e será preciso esperar até os grandes matemáticos do islã, que, a partir do séc. X, falarão livremente — sem remorsos metafísicos — do número irracional, introduzindo a locução bastante divertida e expressiva de "número surdo" ou "surdo-mudo", que será adotada por Leonardo Fibonacci no séc. XIII e depois, como principal termo técnico do irracional, no espaço anglofônico (surd).[5]

Platão, segundo Toth, estava de fato pensando um passo além do seu próprio tempo. Sua ontologia plástica (i.e. a das suas elaborações tardias) tornava possível e pensável uma ampliação do horizonte matemático que de fato só foi se realizar nas teorias mais modernas acerca da natureza matemática (e não metafísica) números, especialmente nos trabalhos de Cantor e Frege, p.ex. Não é, portanto, uma questão apenas de romantismo o que trouxe à tona a onda platonista da matemática que tanto sucesso fez ao longo da segunda metade do XIX. O fechamento ou completude teórica da geometria clássica grega — noutros termos, o surgimento do "*esprit géométrique*" que Descartes e Pascal buscaram recuperar para a Europa cristã — decorre, segundo o Platão de Toth, do fato de que em grego a geometria se tornou teoria do ser & do não-ser das entidades aritméticas. Isso apenas testemunha que também a geometria passa a sofrer certa influência da dialética, que esclarece e explica a lógica dessas oposições em cada caso epistêmico.

É, portanto, a dialética que permite salvar a geometria da acusação de que ela, ao incorporar tais entidades meta-ônticas, estaria

5. Toth, I., *Platon et l'irrationnel mathématique*, éditions de l'éclat, Paris, 2011, p. 49.

promovendo uma simples meontologia, uma doutrina do não-ser, portanto da falsidade. Ao incorporar em si os preceitos bem exercitados da dialética, a geometria não perde em estabilidade e rigor ou segurança ontológica. Apenas passa a compreender mais refinadamente quais os traços concretos da ontologia lhe cabem pesquisar, e o não-ser, na figura dos números irracionais, é um desses traços, visto que o objeto matemático não se esgota na instrumentalidade dos números. Proclos, em seu comentário aos *Elementos* de Euclides, explica que a eternidade de tal tratado decorre justamente daquilo que ele esconde e exclui quase completamente de suas deduções: o aprendizado dialético de origem platônica, que lhe forneceu os parâmetros seguros para "sistematizar" o conhecimento matemático do seu tempo.[6]

Essa refinação dialética dos conceitos e categorias matemáticas permite pensar a "construção do número" (*arithmón apergázetai* — Phil. 25E). O número, assim, e com ele a unidade fundamental da monas, não é mais o princípio, não é mais um elemento imediato da verdade/divindade. O número, assim, não é mais mito, e há de também ele passar pelo crivo da construção filosófica. A filosofia já não mais toma o número por princípio fundamental, mas trata da (categoria da) grandeza. Essa expansão tipicamente conceitual do número à grandeza, da teoria das proporções numéricas à teoria das proporções em absoluto, da quantidade à relação, Platão a explica como produto propriamente dialético: a desabsolutização do princípio do terceiro excluído enrijecido nas doutrinas de Pitágoras, Parmênides, Zenão e Demócrito.

Vejamos como I. Toth explica essa construção do número, i.e., o quadro teórico em que operam os números irracionais.

> Algumas operações muito simples efetuadas no plano com o auxílio da regra e do compasso nos permitem a construção atual de um quadrado equivalente em área a um dado retângulo. É uma operação de transformação

6. Proclus, *A Commentary on the First Book of Euclid's Elements*, Princeton University Press, Princeton, 1970.

direta de um ser geométrico dado, o retângulo, num outro ser geométrico, o quadrado, já préexistente no mesmo espaço bidimensional. Essa transformação de uma figura geométrica numa outra figura do mesmo domínio de ser é um procedimento efetuado no interior de um mesmo e único universo de figuras planas. Ela constitui no entanto a representação sobre um modelo do espaço *bidimensional* de um acontecimento que ocorreu num universo completamente diferente, notadamente o *universo linear aritmético*. O acontecimento de que se trata é uma verdadeira metamorfose ôntica: a conversão de um número não-quadrado, $2=1\cdot2$, num número quadrado, $2=\sqrt{2}\cdot\sqrt{2}$.

Não se trata evidentemente de algo que se poderia chamar de uma "transformação" simples e ordinária, mas de fato uma transmutação ontológica de um não-ser, designado pelo signo metalinguístico "$\sqrt{2}$", numa entidade concreta — embora inefável, uma palavra muda, portanto silenciosa — da linguagem-objeto aritmética: o número irracional $\sqrt{2}$. Porque sua existência atual na linguagem-objeto não é anterior à do seu signo, esse objeto aritmético, $\sqrt{2}$, não é simplesmente "designado" por seu signo "$\sqrt{2}$" — mas é representado, incarnado, portanto efetivamente realizado pelo morfema: seu *signo* dispõe de uma prioridade ontológica, é ele o *proteron* da relação binária "signo-significado". Certamente, o signo metalinguístico "$\sqrt{2}$" descendeu até o domínio da linguagem-objeto, no qual ele está presente, mas enquanto *lógos alógos*, palavra inefável (*arréton*), enquanto conceito *impensável* (*adianoétón*), fonema impronunciável (*aphthegkton*; *Sofista*, 239C), enquanto *parola muda* da linguagem-objeto. Com efeito, o *signo* "$\sqrt{2}$" enquanto *nome* metalinguístico é ou *um nome do nada* (*hé médenós onoma*), e assim ele designa o *não-ser* (*mé on*; 238E), ou ele se designa a si próprio enquanto referência dentro do universo aritmético — e neste caso o *nome* "$\sqrt{2}$" é então *unicamente o nome do nome* $\sqrt{2}$ (*tó onoma onomatos onoma mónon*; 244D) — sendo este uma entidade linguística da linguagem-objeto.[7]

7. Toth, 2011, p. 54-55.

Toth nos explica, assim, o direito de cidadania matemática desse ente puramente simbólico, "cuja existência não é anterior à do seu signo". A pressuposição de sua existência (matemático-simbólica) permite conceber todos os números como resultado da relação de seus fatores ou momentos (ou potências) como resultado de um processo construtivo mais amplo e profundo, próprio à hipótese matemática do contínuo. Se Parmênides relegava a Física ao status de mera opinião e seu discípulo Zenão negava o movimento, a ontologia plástica de Platão abre o caminho para uma matemática do infinito (como se verá nos intentos de Eudoxo e Arquimedes), bem como para a um projeto de ciência física cuja primeira formulação sistemática coube a Aristóteles.

2. *A metafísica do cálculo infinitesimal, ou reinauguração analítica da teoria dos números*

Mas, como vimos, essa figura de ontologia plástica sofreu fortíssima resistência — a princípio do próprio Aristóteles.[8] Quando, em virtude da mediação dos algebristas muçulmanos da época do auge da expansão islâmica sobre o Mediterrâneo, enfim ressurgiu com renovada força ao longo do XVI e do XVII o debate sobre a matemática do infinito, primeiro com a solução cartesiana do problema das tangentes, mas efetivamente com a invenção newtoniana e leibniziana do cálculo infinitesimal, o que se viu foi

---

8. Nas primeiras páginas do Livro Alpha da *Metafísica* Aristóteles demarca a sua posição quanto aos números irracionais, contrária à de Platão, com ironia: "Pois, como dissemos, todos começam a investigar por se admirar de que tal e tal coisa seja assim, como no caso das marionetes autômatas, ou a respeito das voltas do sol, ou a respeito da incomensurabilidade da diagonal (de fato, a todos os que ainda não consideraram as causas parece ser espantoso que algo não seja mensurável pelo menor de todos). Mas é preciso, conforme se diz, terminar no estado oposto e melhor, como nesses casos, quando se aprende: de fato, nada poderia causar mais espanto para um homem que sabe geometria do que a diagonal tornar-se comensurável." (983a11-21, tradução L. Angioni) No Livro Ni da *Metafísica* Aristóteles detalha a sua crítica à tentativa dialética de conceituação dos números irracionais, buscando desvendar suas raízes pitagóricas.

a bem dizer uma efetiva inauguração moderna da teoria dos números em solo europeu. A introdução dos números infinitesimais ou evanescentes (artifício que a solução cartesiana do problema das tangentes, inspirada no *esprit géométrique* grego, fazia questão de evitar) trouxe à tona questões análogas às que surgiram quando da novidade dos números irracionais, dando ocasião à *querela da metafísica dos infinitesimais*.[9] Esses fatores ou momentos ínfimos de toda e qualquer grandeza são eles próprios números? Podem ser reduzidos a uma unidade definida? Têm realidade ou são apenas ficções necessárias ao cálculo?

O mecanismo dessa problemática substancialização/essencialização dos fatores analítico-abstratos do pensamento matemático, Hegel o pesquisa especialmente nos últimos eventos da história do cálculo infinitesimal, particularmente em Lagrange e Cauchy, bem como nas fontes da matemática do infinito no séc. XVII, no Renascimento, até Arquimedes e Eudoxo. A proposta hegeliana é desenhar logicamente o mecanismo algébrico em que se perde a metafísica do cálculo infinitesimal do seu tempo, e ele faz isso, fundamentalmente, mediante o conceito da relação de potência, cuja função especulativa, portanto, é corrigir filosoficamente a autocompreensão

---

9. Michael Wolff, num dos principais artigos sobre a temática do cálculo infinitesimal em Hegel (*Hegel und Cauchy, Eine Untersuchung zur Philosophie und Geshichte der Mathematik* in: Hortsmann, R.-P., Petry, M. (orgs.): "Hegels Philosophie der Natur, Beziehungen zwischen empirischer und spekulativer Naturerkenntnis," Klett-Cotta: Stuttgart, 1986, p. 238) cita, a respeito da perfeita consciência de Leibniz do caráter contraditório da noção da quantidade infinitesimal, a carta de Leibniz ao Mr. Dangicourt (Setembro de 1716, in: LEIBNIZ, Opera Omnia, ed. Dutens, Vol. III, Fratres de Tournes: Genevae, 1768, p. 499-502): "Quando disputava-se na França contra o abade Gallois, o padre Gouge e outros, eu lhes disse [a saber, ao sr. Herman, ao sr. Naudé] que não acreditava que houvesse grandezas verdadeiramente infinitas, tampouco verdadeiramente infinitesimais, que essas coisas não eram mais que ficções, mas ficções úteis para encurtar e para falar de maneira geral tal como as raízes imaginárias da álgebra, tal como a raiz quadrada de -1; (...) E quanto mais se soubesse a proporção ou o intervalo de grandeza entre esses graus, mais se aproximaria da exatidão e mais se poderia tornar o erro menor e mesmo eliminá-lo de um só golpe pela ficção de um intervalo infinito, que poderia sempre ser realizado da maneira de demonstrar de Arquimedes. Mas como o sr. Marquis de L'Hospital cria que assim eu traía a sua causa [a saber, na disputa a respeito do infinitesimais travada na Academia de Ciências de Paris], eles me rogaram que eu não dissesse nada além do que eu já havia dito numa ocasião nas Atas de Leipzig [*Acta Eruditorum*], e foi para mim fácil aceitar o seu pedido."

matemática acerca do infinito quantitativo, emaranhada ainda na concepção imaginativa do infinito, na *má infinitude*, na representação do *progresso infinito*.

Na matemática da época, a relação de potência veio à tona de maneira clara nas célebres *séries de Taylor*, esforços que visavam à descoberta da lógica possível a operar de dentro alguns números decompostos em séries infinitas. Tratava-se de buscar um certo número, cuja potenciação (ou elevação às suas primeira, segunda, terceira... potência) revelaria a regra, a medida da progressão infinita em questão. Tais teoremas serviriam mais tarde a Lagrange para a formulação de sua teoria das funções analíticas — o grande feito matemático do final do séc. XVIII, que enfim dava forma acabada à disciplina na época chamada de *análise superior* (*höhere Analysis*), propriamente a disciplina responsável por encontrar formulação algébrica acabada ao cálculo diferencial e integral que Newton e Leibniz descobriram, apesar de não o terem fundamentado de maneira estritamente rigorosa. Lagrange podia prescindir dos infinitesimais e das fluxões de seus predecessores — essas entidades matemáticas, tal como os números irracionais, de natureza ainda problemática — na medida em que prometia um método capaz de desdobrar de maneira completamente analítica a potenciação fundamental que explica ou dirige o progresso infinito da proporcionalidade de dx/dy (em termos leibnizianos), a regra da evanescência das fluxões (em termos newtonianos).[10] Encontrada a potenciação adequada — o que para Hegel é algo que procede da empiria,

10. Segundo Hegel, o "simulacro" de cálculo inventado por Newton e Leibniz ampliava o horizonte "ontológico" dos números, mas ainda se obstinava em encontrar símbolos ou expressões adaptadas ao entendimento e à representação, como um auxílio para que a imaginação "acompanhasse" as relações que no cálculo devem ter natureza apenas lógica. Esse aprisionamento às representações, mesmo que consideradas como ficções úteis, deu ímpeto inicial, mas afinal passou a bloquear o desdobramento da *análise superior*, i.e., a bloquear o caminho da matemática em se libertar de seus preconceitos clássicos. O feito de Lagrange de um lado resolvia o problema do aprisionamento à representação, na medida em que dava cabo de tais ficções e se concentrava na constituição analítica das funções descritas no cálculo diferencial e integral, mas ao mesmo tempo difundia a impressão de que a matemática estava prestes a se autofundar analiticamente, e, portanto, a dispensar de vez a intromissão dos filósofos, na medida em que ofuscava o fato de que a determinação da relação de potência fundamental que torna analíticas as funções diferenciais e integrais decorre da aplicação (*Anwendung*) e não pode ser fundada analiticamente a priori.

da aplicação, algo, portanto, segundo sua concepção, qualitativo, algo que nenhum matemático da época aceitaria — pode-se então descartar as casas decimais excedentes que vão se produzindo infinitamente nessas grandezas que não cabem na determinação do 1, e isso por força de um método rigorosamente analítico (na visão de Hegel, analítico a posteriori), portanto não mais como as práticas mais empíricas que analíticas dos métodos de exaustão ou determinação aproximativa, radicados em Arquimedes.

Nisso, a unidade, parâmetro tradicional/pitagórico para a construção dos números, perdeu seu lugar para a relação de potência. O número não tem mais na unidade o seu original ontológico, pois passa a ser visto como o resultado das sucessivas, a bem dizer infinitas, multiplicações de uma grandeza por si mesma, i.e., suas potências, nas quais o mesmo quantum, ao se relacionar apenas consigo, engendra todos os demais — a unidade inclusive. O número original dos pitagóricos, assim, passa a ser resultado de uma autorrelação de um outro, e este por sua vez o resultado da autorrelação de outro, e assim ao infinito, perdendo-se definitivamente o substrato ôntico da unidade como fundamento dos quanta. Na aurora da teoria moderna dos números, o que chama a atenção é um grande perigo: o de que essa tamanha extensão do horizonte semântico do conceito do número acarrete o seu desancoramento irrecuperável do fundo de essencialidade a que os números pitagóricos almejavam. Contra um tal perigo se armou então em bloco a *análise superior*, primeiro com a "Revolução do rigor" levada a cabo por Cauchy, que suplantou Lagrange tal como Luís XVIII suplantou Napoleão; mais tarde com Weierstraß;até que Cantor, Peano, Frege, Russell e Hilbert buscaram a "solução final" para tamanha ameaça, notadamente a tentativa de axiomatização final da aritmética, ponto em que a *análise superior* pretendeu se transubstanciar em *filosofia analítica*.[11]

Mas o conceito da relação de potência tem também, nessa mesma época, farta documentação filosófica. À época de Hegel quem mais se notabilizou por

---

11. Tratei dessa questão em minha tese de doutorado com um bocado mais de detalhe, embora sem o acabamento necessário ao assunto: Nolasco, F., A suspensão qualitativa da quantidade: a crítica de Hegel ao paradigma matemático da ciência moderna, Campinas, 2015, pp. 413-432, 441-452)

certa apropriação da conceituação platônica sobre a potência foi notadamente Schelling, que preenche seus escritos de juventude sobre a *Filosofia da natureza* com potenciações de toda sorte.[12] Mas, tal como Schleiermacher, Schelling não parece demonstrar o mesmo olho apurado de Hegel às questões matemáticas, especialmente àquelas com que se defrontava Platão.[13] O mérito de Hegel, neste contexto, se evidencia justamente por estar atento simultaneamente tanto à pesquisa matemático-geométrica de Platão e Aristóteles, quanto aos últimos desdobramentos da analítica superior de sua época. É por isso que Hegel está em condições de refundar — marcando-se as diferenças, é claro — em solo moderno a proposta platônica de cooperação entre plasticidade dialética e raciocínio matemático, de cuja efetivação se poderia esperar, de um lado, um auxílio para que a matemática (e a lógica matemática) se desvencilhe mais facilmente de algumas barreiras que lhe atravancam o caminho — o que ocorreu, senão de fato, pelo menos de direito, a partir da década de 1930 —, e de outro, uma nova configuração da dialética como método filosófico.

Mas Hegel, posto que precisava diferenciar-se radicalmente da maneira schellinguiana de uso do conceito da relação de potência, não dá também indicações muito expressas do vínculo do seu conceito da relação de potência com a especulação de Platão sobre os números irracionais. Coube, assim, a Imre Toth inaugurar-nos, com sua pesquisa magistral sobre o pensamento matemático de Platão e Aristóteles, um entendimento seguro sobre as raízes, as funções e os caracteres de tal conceito hegeliano. Seguindo os passos de

12. Um resquício dessa maneira de organizar o sistema em potências, que Hegel usava a torto e direito nos *Esboços de Jena*, ainda se encontra na *Fenomenologia do espírito*: Consciência = A; Razão = C ou AA (i.e. A "ao quadrado"); Religião = CC, ou AAA (i.e. A "ao cubo"); Consciência de si = B; Espírito = D ou BB (ou B "ao quadrado"); Saber absoluto = DD ou BBB (ou B "ao cubo). Disso se poderia inferir que: a Religião é a Consciência enquanto concreta (A^3), e o Saber absoluto, a concretude da Consciência de si (B^3).

13. "Por razões obscuras que me são impossíveis de explicar, as traduções modernas — alemãs, francesas e italianas — que pude consultar traduzem o termo *alogon* do *Sofista* por vocábulos com conotações emocionais, psicológicas e éticas, portanto num sentido expressamente não-matemático, habitualmente sinônimo dos vocábulos correntes: irrazoável, incalculável, oposto ao bom senso, à razão; Schleiermacher: "*ein Unerklärliches, Unbeschreibliches*" (...). — Conheço apenas uma exceção: a versão latina de Marsilio Ficino, que traduz o *alogon* do *Sofista* fielmente por "irracional"." (Toth, 2011, p. 109-10)

Toth, elucida-se amplamente o quanto Hegel está muito bem atento à maneira como Platão, Aristóteles, Eudoxo e Euclides foram responsáveis por ampliarem filosoficamente o campo semântico do conceito dos números, que então foram traduzidos em termos da categoria da grandeza. Esclarecido pela história da formação da dialética em confronto com a meontologia dos irracionais, Hegel não se deixara enganar (como pensava Russell) pelos descaminhos e ilusões em que se ofuscaram os matemáticos especialmente ao longo do séc. XVIII, mas defendeu vigorosamente a dissolução filosófica do quantum na quantidade, i.e., no conceito da quantidade; dissolução do número na grandeza, do conceito da quantidade no da qualidade.[14]

3. *A incomensurabilidade das desigualdades entre dois círculos não concêntricos interpostos*

Para encaminhar este ensaio a seu fecho, e preencher ainda um pouco mais o cenário donde parte Hegel em suas reflexões filosóficas sobre a matemática, daremos agora um passo atrás, deixando de lado as conclusões

14. Cantor mais tarde, expressamente contra Hegel, mas, paradoxalmente, tal como Hegel evocando a especulação filosófica de Espinosa e Platão acerca do conceito da infinitude, também se esforçou no sentido de dissolução do número na grandeza, em seus termos: dissolver ou traduzir a aritmética na teoria dos conjuntos. Mas no platonismo de Cantor não há espaço para a dialética. Ela foi substituída pela plasticidade mais rigorosa da lógica formal moderna. Mas a crise da teoria acerca dos fundamentos da matemática, que grassou no final do séc. XIX, apenas anunciava a contradição interna desse platonismo-sem-filosofia de Cantor (e com ele Frege, Dedekind, Peano). Tal contradição foi resolvida apenas no teorema da incompletude de Gödel. Este enfim assentou os termos do modelo propriamente moderno de lógica formal ao acertar as contas com as aspirações de completude axiomática dos formalistas mais ortodoxos, e assim desimpedir o caminho aos horizontes mais amplos da praxis matemática defendida pelo intuicionismo — corrente que, portanto, saiu triunfante da querela sobre os fundamentos da matemática, pelo menos segundo o testemunho de Cavaillès, responsável por reacender na França o interesse pelo intuicionismo espinosano. (cf. Cavaillès, Jean, *Sur la logique et la théorie de la science*, segunda edição, PUF, Paris, 1960) E foi também com base nessa figura propriamente moderna, pós-cantoriana, i.e., gödeliana, de lógica formal (via Newton da Costa e mais recentemente G. Priest), que o horizonte filosófico anglo-saxão veio de fato a tomar conhecimento da *Ciência da lógica* de Hegel.

do final do capítulo da Quantidade da *Ciência da lógica,* e retornando o seu início. Ao iniciar a sua explicação do conceito da quantidade, Hegel retoma Espinosa e sua crítica ao infinito da imaginação. Para Espinosa, a dificuldade de se considerar a quantidade, não "abstrata e superficialmente", "divisível e constituída de partes," mas "como substância," "infinita, única e indivisível", tal dificuldade provém da indistinção entre "*imaginationem et intellectum*" (apud GW21.178). Esse conceito substancial da grandeza permitia a Espinosa alcançar a intuição verdadeira do infinito do pensamento, *infinitum actu.*

Mas antes de tratar desse conceito, Hegel nos faz pensar em mais três momentos de altíssimo interesse no que concerne à concepção desse conceito de grandeza na sua qualidade propriamente filosófica. Hegel menciona Kant e suas antinomias matemáticas, as quais têm o mérito de deixar fora de dúvida que o contraditório em questão inere propriamente à categoria da quantidade, i.e., na medida em que a razão força o entendimento a abandonar o esquema próprio da quantidade (os números — leia-se: inteiros) e estender a aplicação dessa categoria para além de toda representação possível, i.e., ao infinito (leia-se: aos outros tipos de números). Em seu elemento puramente lógico (lógica geral) a categoria se contradiz sem nenhuma resistência. Reduzido o escopo de sua aplicação ao campo dos objetos possíveis — mediante a intervenção instrumental do esquema e da faculdade da imaginação — a contradição pode ser resolvida. É claro que Hegel se demorará em criticar longamente essa solução kantiana da contradição em que a categoria da quantidade incorre ao operar de maneira inteiramente racional. Num passe de mágica, a perspectiva do idealismo transcendental reduz a contradição a uma ilusão (*Schein*), necessária, porém fácil de decifrar.

A raiz da insatisfação hegeliana a respeito do procedimento kantiano contém, ademais, um fundamento histórico notável, certamente uma das pistas que Toth buscou pesquisar a fundo. Pois Hegel considera "infinitamente mais significativos e mais profundos do que a considerada antinomia" os "exemplos dialéticos da escola eleata, especialmente aqueles que dizem respeito ao movimento, os quais, igualmente, se fundamentam no conceito da quantidade e têm nele a sua solução." (GW21.187) Trata-se naturalmente dos paradoxos de Zenão sobre o contínuo. Igualmente, de infinita maior profundidade que a abordagem kantiana é, para Hegel, a solução aristotélica dos tais paradoxos de Zenão, pois contém "conceitos verdadeiramente especulativos de espaço, tempo e movimento." (GW21.188)

Vê-se, portanto, que as fontes do tratamento hegeliano da matemática são, além de Espinosa, principalmente Zenão, Aristóteles e, naturalmente, Platão. Sobre o *infinitum actu*, Hegel toma como exemplo fundamental a explicação de Espinosa sobre a sua incomensurabilidade. Os instrumentos da imaginação não alcançam a intuição verdadeira do infinito em questão, que está para além de toda representação.[15] Essa incomensurabilidade, ou inumerabilidade — Herder em *Über das Sein* dá um passo a mais e já fala em "inanalisibilidade" — permite-nos retomar a temática da incomensurabilidade da diagonal de que tratavam Zenão, Platão e Aristóteles, tal como nos mostra I. Toth.

A Epístola XXIX — Hegel cita as *Opera posthuma*; na edição de Gerhardt se trata da Ep. 12 —, e em especial a sua célebre ilustração geométrica — o exemplo dos dois círculos não concêntricos interpostos (*duos circulos, diversa centra habentes, interpositi*), cujo espaço entre os dois centros, embora circunscrito dentro de um máximo e um mínimo, pode ser variado infinitamente — visam explicar que a matemática já há muito tempo tem inventado construções que não podem ser explicadas por número nenhum (*multa invenerunt, quae nullo Numero explicari possunt*). Já a resolução cartesiana do problema das tangentes indicava a possibilidade de solução não numérica de um problema geométrico-algébrico que envolve a infinitude. No entanto, segundo Espinosa, ainda é generalizada a confusão entre os matemáticos da época acerca do infinito. É hegemônica, ainda, uma tendência de reduzir a substância extensa ao horizonte restrito desses instrumentos

15. A profa. Ericka Itokazu (em palestra intitulada "Implicações da (in)finitude nas relações entre tempo e duração em Espinosa", ministrada na UnB em 2022) chama a atenção, nesse ponto, para o fato de que Espinoza, assim, antecipa algo da crítica de Bergson à espacialização do tempo, o que certamente não terá passado despercebido por Deleuze. Uma elucidativa explicação do exemplo spinozano encontra-se em Lanciote, D., O encontro entre Lucrécio e Spinoza, Tese de Doutorado, Campinas, 2021, pp. 670-75.

da imaginação, os números (bem como o tempo e a duração). Pretendem, com os números, desviar-se das garras de Caribde, mas acabam caindo nas malhas de Cila — porque se recusam a exercitar-se no método da intuição clara e distinta do *infinitu actu*. Mas a incomensurabilidade numérica nunca foi barreira intransponível ao tratamento matemático das grandezas, tal como o prova o próprio teorema de Pitágoras, vários dos teoremas de Euclides, bem como a matemática de Eudoxo e Arquimedes.

O exemplo espinosano aqui serve apenas como ilustração de um fato quase banal da ciência matemática avançada. Há, portanto, algo de essencialmente inumerável, de indefinido, no que concerne à realidade em ato da substância extensa. Mas isso não implica em dizer que ela não seja uma quantidade. Trata-se de uma grandeza indefinível por qualquer quantum, *multitudo* infinita em ato.

4. *A eloquência qualitativa das incomensurabilidades*

No trecho em tela, Hegel não entra em detalhes no seu tratamento do exemplo espinosano, pois no momento a intenção era ilustrar o conceito verdadeiro de infinitude atual matemático. Mas podemos adiantar que se ele concorda com a intenção de Espinosa, certamente a sua *Ciência da lógica* como um todo tem como objetivo criticar o uso que Espinosa faz de conceitos como Substância e Eternidade, dentre outros. O infinito atual de Espinosa está no elemento da quantidade (*multitudo*). Hegel, antes de abordar esse conceito em contraste com o pano de fundo da infinitude quantitativa, já desdobrou o seu próprio conceito de infinitude afirmativa ainda no capítulo da Qualidade (*Bestimmtheit*). A determinidade de algo, para Hegel, diz respeito a um caractere definido do algo, que não se enquadra no horizonte dos modos que recaem sob o atributo essencial da quantidade. O infinito atual, segundo Hegel, primeiro é qualitativo e apenas mais tarde na sequência das categorias lógicas assumirá forma quantitativa. A consequência disso é que esse infinito atual não é indefinido, como o infinito atual quantitativo espinosano, mas é ele próprio uma determinidade — mais tarde será, não uma substância, mas um conceito. E ainda, com base nessa pré-história lógica do infinito atual, Hegel pode, ao tratar o infinito atual dos matemáticos, reconvertê-lo de volta à qualidade. O que resulta desse processo é que ele alcança dar significado positivo (qualitativo) à incomensurabilidade inerente a toda e qualquer medida.

Para Espinosa a medida é apenas uma determinação modal. Para Hegel, ela é o retorno da quantidade à qualidade. Nisso, há um ganho em determinidade no que concerne à caracterização do infinito atual: ele é qualidade (= determinidade e, em potência, conceito) antes de ser quantidade, e a sua quantidade depende de relações qualitativas de medida — as quais, todavia, são para Hegel não apenas modos que se dissolvem na totalidade da substância, mas modos cuja concretude tem história, registro em cartório, efetividade social. É claro que Espinosa não é acosmista, justamente em virtude de sua busca pela determinação particular dos modos finitos e sua conexão causal. Hegel, na acusação de acosmismo, tem o Espinosa de Schelling sob os olhos. Ainda assim, há que se notar o surgimento de uma diferença incontornável. A substância para Hegel é sujeito. O que se quer dizer com isso? Que para Hegel o substancial (no sentido de: o efetivo concreto) são as diferentes subjetividades dessas medidas infraquantitativas, quantitativas e supraquantitativas — também chamadas de essências, mas por Hegel batizadas de conceitos.

Descartes, Espinosa, Mendelssohn e... Cantor estão analisando substâncias, objetividades de primeira ordem, seja no sentido de *res* ou *Menge*. Disso decorre que quantidade e qualidade sejam, no melhor dos casos, apenas duas faces de uma mesma moeda, dois atributos principais da substância (ousia). Hegel, por outro lado, está analisando conceitos. Nesse sentido, qualidade e quantidade não são mais apenas aspectos distintos da substância; livres de todo e qualquer substrato ôntico, completamente abstratas em sua subjetividade lógica — o que não implica dizer que não tenham certo teor de determinidade (*Bestimmtheitsgehalt*, para não dizer *Inhalt*) — qualidade e quantidade não estão em relação uma à outra de maneira paritária, horizontal, equivalente, tal como ensinava também Aristóteles. Sua relação tem história, e mesmo que os registros desse devir tenham se apagado, mantêm-se a sua relação lógica. Enquanto determinidades conceituais, uma é momento e fator da outra: a qualidade é momento e fator da quantidade e a quantidade é momento e fator da medida. A quantidade ganha em determinidade quando se considera a qualidade como seu fator e momento. A qualidade tomada em si mesmo não tem nenhum ganho em determinidade, pelo contrário, subtrai-se-lhe algo em definição quando se considera a quantidade como um fator e momento seu. Em termos das relações de potência, a quantidade é o quadrado da qualidade, e a medida, seu cubo, e assim por diante *ad infinitum*, ou melhor, até a ideia absoluta como ideia da circularidade (metodológica). O sujeito (*hypokeimenon*) dos vários momentos dessa quadratura, em seu sentido elementar-material como portador, *Träger*, é a qualidade (e não o ser), tomada na sua característica mais radical enquanto determinidade (pensada e pensante). Em comparação com a *Metamorfose das plantas* de Goethe, dir-se-á que a qualidade — o conceito — é a folha da dialética. Já a determinidade quantitativa é uma potência da determinidade — certamente não a primeira, definitivamente não a última.

Referências bibliográficas

Aristóteles, *Metafísica I, II e III*. Tradução Lucas Angioni, IFCH/Unicamp, Campinas, 2008.

Cavaillès, J., *Sur la logique et la théorie de la science*. Segunda edição, PUF, Paris, 1960.

Hegel, G.W.F., *Wissenschaft der Logik, Die Lehre vom Sein (1832)*. Ed. por F. Hogemann e W. Jaeschke, in: Gesammelte Werke, Meiner, Hamburg, 1985.

Jaeger, W., *Die Theologie der frühen griechischen Denker*. W. Kohlhammer, Stuttgart, 1953.

Lanciote, D., *O encontro entre Lucrécio e Spinoza*. Tese de Doutorado, Campinas, 2021.

Leibniz, G. *Opera Omnia, ed. Dutens*, Vol. III. Fratres de Tournes: Genevae, 1768.

Nolasco, F., *A suspensão qualitativa da quantidade: a crítica de Hegel ao paradigma matemático da ciência moderna*. Campinas, 2015.

Proclus, *A Commentary on the First Book of Euclid's Elements*. Princeton University Press, Princeton, 1970.

Toth, I., *I paradossi di Zenone nel Parmenides di Platone*. Instituto Italiano per gli Studi Philosophici, Napoli, 1994.

Toth, I., Mathematische Philosophie und hegelsche Dialektik, Ein Essay. In: Petry, M. (org.), *Hegel und die Naturwissenschaften*, vol. II. Fromman-Holzbog: Stuttgart, 1987, pp. 89-182

Toth, I., *Platon et l'irrationnel mathématique*. Edtions de l'éclat, Paris, 2011

Wolff, M., "Hegel und Cauchy, Eine Untersuchung zur Philosophie und Geshichte der Mathematik". In: Hortsmann, R.-P., Petry, M. (orgs.): *Hegels Philosophie der Natur, Beziehungen zwischen empirischer und spekulativer Naturerkenntnis*. Klett-Cotta: Stuttgart, 1986.

O Hegel em Feuerbach e o Feuerbach em Hegel. Deus como autorreferência do ser humano

Andreas Arndt
(Humboldt-Universität zu Berlin)

Não se pode negar que Hegel esteja em Feuerbach, já que este último pode ser corretamente descrito como um discípulo de Hegel. No entanto, o livro *Essência do Cristianismo*, publicado pela primeira vez em 1841, é amplamente considerado como um documento evidente da ruptura com Hegel, não apenas na biografia intelectual de Feuerbach, mas também em todo período da filosofia pós-hegeliana. Isso se deveu principalmente a Friedrich Engels, que quase meio século depois lembrou em sua obra *Ludwig Feuerbach e o resultado da filosofia clássica alemã* que, ao contrário de Hegel, o texto *Essência do Cristianismo* elevou "sem mais delongas, o materialismo de volta ao trono. (....) Nós éramos todos momentaneamente feuerbachianos"[1]. De fato, este livro apareceu para muitos contemporâneos, tal como Bruno Bauer, como uma interpretação consistente do *Lições sobre*

1. Friedrich Engels: *Ludwig Feuerbach und der Ausgang der klassischen deutschen Philosophie*. In: Karl Marx und Friedrich Engels: *Werke*, Berlin, 1956ff., vol. 21, pp. 263-307. Aqui: p. 272. — Cf. também Wolfgang Lefèvre: „Das Feuerbach-Bild von Friedrich Engels", in: Hans-Jörg Braun et. al (Ed.): *Ludwig Feuerbach und die Philosophie der Zukunft*, Berlin, 1990, pp. 713-728.

a Filosofia da Religião, de Hegel.[2] E até hoje, há entre os especialistas em Hegel, quem afirme, como por exemplo Walter Jaeschke, que os livros *Filosofia da Religião*, de Hegel e *Essência do Cristianismo*, de Feuerbach não formariam de modo algum uma oposição tão forte, quanto aquela sugerida por Feuerbach e enfatizada então por Engels a ponto de chegar à oposição materialista contra o chamado idealismo de Hegel.[3]

Mas quanto de Hegel se encontra em Feuerbach? E se de fato não houver nenhuma ruptura fundamental com Hegel, não tendo passado de mera encenação de Feuerbach (cujas razões exporei mais adiante), então quanto de Feuerbach se encontra em Hegel? De fato — e esta é minha tese — é possível demostrar que, no fundo, o *Essência do Cristianismo* explica, letra por letra, a *Filosofia da Religião* de Hegel, tornando explícita e repetindo a seguinte consequência: "Deus" é o código para a autorreferência do ser humano. E eu gostaria, desde já, de acrescentar ainda uma segunda tese: a posição de Hegel é, na consequência, mais radical do que aquela de Feuerbach, pois não apenas afirma que Deus deve ser concebido como a autorreferência do ser humano, mas também que a autorreferência moldada no conceito filosófico de Deus — na ideia absoluta — forma o ponto de referência normativo para uma crítica da efetividade sociopolítica ou da "mundanidade". Hegel não interpreta a mensagem de Cristo de maneira paulina, mas sim no interior de uma teologia-do-reino-de-Deus, estabelecendo que o reino de Deus, enquanto reino da liberdade, teria que tornar-se efetividade mundana. Nesse aspecto, Hegel está mais próximo de Marx do que de Feuerbach.

---

2. Cf. Bruno Bauer [anônimo]: „Die Posaune des jüngsten Gerichts", in: Heinz e Ingrid Pepperle (Eds.): *Die Hegelsche Linke. Dokumente zu Philosophie und Politik im deutschen Vormärz*, Leipzig, 1985, pp. 235-372, aqui: p. 306: „Em tais princípios primitivos Hegel ensinou então a seus alunos, conduzindo-os à revolução e educando pessoas que, [...] como Feuerbach, destroem toda religião."

3. Cf. Walter Jaeschke: „Wer fürchtet sich vorm absoluten Geist?", in: Hans Feger e Gloria Dell'Eva (Eds.): *Die Philosophie des deutschen Idealismus*, Würzburg, 2016, pp. 263-285. Aqui: p. 277: „Na religião, o homem sabe de si mesmo, de sua essência. Sob as condições de uma interpretação espiritual-filosófica, a religião aparece [...] não mais como uma relação do homem com Deus ou de Deus com o homem".

A seguir, eu esboçarei incialmente a relação ambivalente de Feuerbach com Hegel na época do surgimento de *A Essência do Cristianismo* e seus esforços para ocultar, tanto quanto possível, a sistemática relação com Hegel (1). Depois abordarei o conceito hegeliano de Deus em sua Filosofia da Religião, na qual Deus está inscrito no espírito humano enquanto autorreferência espiritual — enquanto espírito para o espírito em sua comunidade, segundo a fórmula de Hegel (2). E por fim irei falar do que significa para Hegel deixar o céu ou o reino de Deus para se tornar uma efetividade terrena (3).

Hegel em Feuerbach

Embora conhecedor da filosofia hegeliana, Feuerbach não era, de início, um hegeliano ortodoxo. O Hegel em Feuerbach sempre foi, portanto, resultado de uma apropriação crítica. Em suas Preleções de Erlangen sobre *Lógica e Metafísica* (1830-1832), Feuerbach não tinha adotado a ideia lógica e absoluta, no sentido hegeliano, como conceito especulativo de Deus, mas tinha, ao contrário, reconduzido a mesma para a antropologia (no sentido hegeliano), ou seja, para "o conceito da alma enquanto determinada pela natureza, enquanto alma natural" e, consequentemente para o ser humano enquanto portador do processo do pensamento.[4] Esse recorte do conteúdo especulativo da filosofia hegeliana continua quando ele intervém nos debates filosófico-religiosos após a morte de Hegel. Em seu texto *Sobre a Filosofia e o Cristianismo em relação à acusação feita contra a filosofia hegeliana de ser anticristã*,5 publicado em 1839, ele expressamente separa, de um lado, a filosofia ou a razão e, de outro lado, a religião, sendo a religião constituída

4. Ludwig Feuerbach: *Gesammelte Werke*, ed. Werner Schuffenhauer, Berlim, 1964ff. (A seguir citado como FGW), vol. 14, p. 445.

5. No original: Über Philosophie und Christentum in Beziehung auf den der Hegelschen Philosophie gemachten Vorwurf der Unchristlichkeit. (N. da T.)

pela fantasia e pelo ânimo e a filosofia, pela razão.[6] Diferentemente de quase todos os seus contemporâneos, ele descarta a questão sobre a cristandade de uma filosofia em geral enquanto sem sentido,[7] mas então — em óbvia contradição com essa separação — quer desmascarar a filosofia especulativa enquanto teologia disfarçada.

O motivo para isso é menos filosófico e mais político. Em uma carta a Arnold Ruge datada de novembro de 1839, Feuerbach anunciou que teria "em mente um trabalho que deve abordar de modo profundo as questões vitais da época e que ao menos as partes principais devem ser concluídas neste inverno. — Qual é a razão última de nossa falta de liberdade espiritual e política? *As ilusões da teologia.* [...] É inacreditável que ilusões dominem a pobre humanidade, dominem até hoje, e que a filosofia especulativa, em sua última corrente, ao invés de nos libertar dessas ilusões, apenas as tenha incentivado".[8] A desconexão entre filosofia e religião deve libertar a filosofia de se compreender como uma forma de reflexão com conteúdo religioso, a fim de evitar aquela confusão com a teologia, recuperando assim sua competência crítica. Nesse sentido, Feuerbach entende *A Essência do Cristianismo* como uma "análise histórico-filosófica — a autodecepção, a autoconsciência da religião".[9] Porém, em contradição com sua separação radical entre filosofia e religião, uma análise filosófica pressupõe que a religião seja um objeto necessário do conceber filosófico. Por isso, na *Essência do Cristianismo*, Feuerbach tende para a posição hegeliana ao dizer que filosofia e religião são "em geral, i. e., independentemente de sua diferença específica, idênticas [...], porque trata-se de um e o mesmo ser que pensa e acredita, sendo que também as imagens da religião são simultaneamente pensamentos".[10] Isso corresponde à interpretação de Hegel de que religião,

---

6. FGW 8, p. 220f.

7. Walter Jaeschke: *Vernunft in der Religion. Studien zur Grundlegung der Religionsphilosophie Hegels*, Stuttgart-Bad Cannstatt 1986, p. 396.

8. FGW 17, p. 383.

9. FGW 5, p. 22.

10. FGW 5, p. 4.

enquanto espírito absoluto, é uma figura da autorreflexão do espírito humano. Arte e religião são, como aparece na *Ciência da Lógica*, diferentes modos da ideia absoluta de "apreender-se e dar-se uma existência adequada; a filosofia tem o mesmo conteúdo e a mesma finalidade que a arte e a religião; mas ela é o modo mais elevado de apreender a ideia absoluta, porque seu modo é o mais elevado, o conceito".[11]

Feuerbach projeta sobre o próprio Hegel sua atitude ambígua diante de Hegel. Em uma carta a Arnold Ruge datada de 20 de dezembro de 1841, ele diz: "Hegel é uma anfibolia — portanto, também os crentes *puderam* se apoiar nele. Hegel não deixa claro. Embora, em geral, minha escrita seja resultado da filosofia hegeliana e concorde com ela, ela surgiu de uma oposição muitas vezes indignada especialmente contra sua filosofia da religião".[12] Porém, em última análise, Feuerbach é consciente de ele que pensa de modo hegeliano e que a oposição contra Hegel é muito mais uma encenação deliberada. Novamente, em uma carta a Arnold Ruge de 13 de fevereiro de 1842, ele expressa isso de modo relativamente nítido: "Mas com tudo isso — e com toda a reverência que devemos aos modos de Hegel — uma ruptura radical é necessária. Ao menos tem que ser *pronunciado* por alguém. [...] O melhor é se juntar a Hegel — seu percurso é bastante correto —, mas, obviamente, para reformá-lo de acordo com novos princípios."[13]

A posição de Feuerbach é contraditória. Ele quer anunciar uma ruptura radical, que, ao mesmo tempo, se apoia sobre o "percurso correto" de Hegel, mas cuja filosofia seja, ao mesmo tempo, subjugada a novos princípios, que não sejam aqueles de Hegel. Em 1843, em seu escrito *Princípios de uma filosofia do futuro*, ele expressou isso do seguinte modo: "A nova filosofia é a *realização* da filosofia hegeliana, [aceita] em geral até hoje — mas uma realização que é, ao mesmo tempo, a *negação* e, certamente, negação *sem*

11. Georg Wilhelm Friedrich Hegel: *Gesammelte Werke*, Hamburg, 1968ff. (A seguir citado como GW), vol. 12, p. 236.

12. FGW 18, p. 136.

13. Ibid., p. 159.

contradição."[14] A realização da filosofia hegeliana enquanto sua negação deve ser, diferentemente da negação determinada de Hegel, uma negação *sem contradição*. É difícil determinar exatamente o que isso significa. Aparentemente, a interpretação de Feuerbach é de que a filosofia de Hegel seria em si mesma contraditória, de tal modo que essas contradições não poderiam ser resolvidas por meio de uma crítica imanente. A "realização" da filosofia hegeliana — na verdade, uma rejeição desta sem mediação — consistiria então em dissolvê-la criticamente como um todo e integrar seus elementos de maior alcance em uma nova posição fundada imediatamente sobre si mesma. Segundo Feuerbach, *Essência do Cristianismo* contém "os elementos para uma filosofia somente *positiva*, revigorante, evidente, mas verdadeira tanto teoricamente quanto praticamente".[15] Por querer esse novo e positivo, Feuerbach apaga então os vestígios de sua origem (e também de seus próprios vínculos com a escola hegeliana), embora, ou justamente porque, ele se apoia em Hegel nessa dedução do novo.

Essa vontade de romper com o velho, com a filosofia especulativa, conduz então — como no artigo publicado em 1842 *Sobre a avaliação do escrito "A essência do cristianismo"* — a uma série de demarcações, que para um especialista em Hegel como Feuerbach são francamente grotescas: "Hegel *identifica* a religião com a filosofia, eu enfatizo sua *diferença específica*; [...] Hegel *objetiva* o subjetivo, eu *subjetivo* o objetivo; [...] Hegel *distingue*, sim, *separa* o *conteúdo*, o *objeto* da religião da *forma*, do *órgão*, eu *identifico forma* e *conteúdo*, *órgão* e *objeto*; Hegel parte do *infinito*, eu, do *finito*; Hegel coloca o *finito* no *infinito* [...]; eu coloco o *infinito* no *finito*".[16] De fato, Hegel enfatiza a diferença específica entre filosofia e religião ao associar a religião ao meio da representação e a filosofia ao meio do conceito. No entanto, a concepção das representações religiosas não deixa intocado o seu significado e, com isso, a interpretação do que é o conteúdo

14. FGW 9, p. 295.

15. Ibid., p. 153. Cf. Andreas Arndt: „Feuerbach und der Bruch in der Philosophie des 19. Jahrhunderts", in: *Humanismus aktuell* 9 (2005), Heft 16, pp. 32-39.

16. FGW 9, p. 231.

da religião. Assim como, por exemplo, a trindade cristã significa, no nível da representação, pai, filho e espírito santo em uma unidade que não pode ser compreendida nem mesmo nesse nível. Conceitualmente, esta figura é compreensível na ideia absoluta enquanto uma unidade em si concreta, i. e., distinta. Aqui, porém, o conteúdo especificamente religioso — pai, filho e espírito santo — é eliminado como tal e suspenso à universalidade do conceito autorreferente. Isso também significa que conteúdo e forma da religião não estão separados em Hegel, mas, juntamente com a forma — a suspensão da representação em conceito — se altera também o conteúdo: no conceito a própria forma torna-se conteúdo.

As outras duas objeções de Feuerbach parecem ter mais peso. De fato, as figuras do espírito absoluto, incluindo a religião, apresentam algo de objetivo em relação aos sujeitos empíricos ou indivíduos, pois — embora os indivíduos sejam seus portadores — eles não se deixam acrescentar a elas enquanto indivíduos *singulares*. Obviamente, essa diferença também é constitutiva para a concepção de religião de Feuerbach na *Essência do Cristianismo*. Segundo esta obra, a religião seria "idêntica à *autoconsciência*, à consciência do ser humano sobre sua *essência*. Mas a religião, de modo geral, é a consciência do infinito. Ela é, portanto, e não pode ser outra coisa senão, a consciência do ser humano de *sua* essência, que na verdade não é finita, limitada, mas sim *infinita*. Uma essência *efetivamente* finita não tem a nenhuma *noção*, nem mesmo *a mais remota*, muito menos *consciência* de uma *essência infinita*, pois a *barreira da essência* é também a *barreira da consciência*."[17] Se a religião é determinada como a autoconsciência infinita do ser humano e ao mesmo tempo se diz que a essência finita, o ser humano singular ou o indivíduo, por si só não pode ter nenhuma consciência do infinito, então a religião, enquanto essa autoconsciência infinita, é (1) algo objetivo diante dos indivíduos finitos e (2) então a religião deve ser explicada por meio da relação com o infinito, como o faz Feuerbach, contrariando também suas afirmações posteriores na *Essência do Cristianismo*. A partir disso se esclarece também a afirmação de que Hegel colocaria o finito no

17. FGW 5, p. 29.

infinito, enquanto ele, Feuerbach, inversamente colocaria o infinito no finito, pois, de fato, também Feuerbach tem que colocar o finito no infinito na medida em que o infinito, a essência do gênero, não pode ser acrescentada de volta ao finito. E em relação ao surgimento do finito a ou do infinito, deve-se notar que em Hegel também o infinito não surge como que de um tiro de pistola, mas é, ao contrário, resultado de um movimento do pensar que parte do finito, do pensamento do entendimento, e tem que primeiro abrir caminho para a verdade especulativa.[18]

O que falta observar é que Feuerbach oculta retoricamente seu uso de figuras de pensamento hegelianas, mesmo às custas de enormes contradições. Não somente o discípulo de Hegel, mas também o filósofo Feuerbach nega a si mesmo em prol de um objetivo que se encontra fora da filosofia, o estabelecimento da liberdade intelectual e política com base em uma reforma da filosofia, que se descola do velho, negando aparentemente sem contradição.[19]

Feuerbach em Hegel

Em relação à religião e a Deus, trata-se tanto para Hegel quanto para Feuerbach de pensar a unidade do finito e do infinito, do mundano e do divino. Qualquer forma de oposição finitizaria o infinito e, com isso, faltaria o conceito de infinito, que só pode ser pensado em unidade com o finito. Deus, que é para Feuerbach como um código para a autorreferência infinita do gênero, não pode, portanto, também para Hegel, ser pensado,

---

18. Cf. (sobre isso, de modo abrangente): Veronika Klauser: *Zur Rekonstruktion des Verstandesbegriffs in der Philosophie Hegels*. Tese de Doutorado em Filosofia. Humboldt Universität Berlin, 2021.

19. Sobre essa figura, cf. Andreas Arndt: „Krise und Prinzip. Die Logik des Übergangs zur Philosophie der Zukunft in Ludwig Feuerbachs Konzeption der Philosophiegeschichte", in: Walter Jaeschke e Francesco Tomasoni (Org.): *Ludwig Feuerbach und die Geschichte der Philosophie*, Berlin, 1998, pp. 3-15.

em nenhum caso, como um objeto radicalmente diferente da consciência humana, porque então ele seria algo finito em relação a essa consciência. A religião não é nem um conhecimento objetivo unilateral de um objeto, i. e., de Deus, nem é apenas subjetivamente a consciência de nossa relação com algo que chamamos de Deus. Para Hegel, a consciência religiosa é ambos: tanto subjetiva quanto objetiva. Assim, a religião "deve ser considerada tanto como procedendo do sujeito e encontrando-se nele, como objetivamente procedendo do espírito absoluto, que, enquanto espírito, está em sua comunidade."[20] Deus, assim diz a fórmula sempre recorrente, é espírito, mas enquanto espírito para o espírito em sua comunidade. Na introdução à *Lição sobre Filosofia da religião*, de 1827 é dito sobre isso que "Deus é espírito apenas na medida em que está em sua comunidade".[21] Isso significa que: Deus é espírito, mas ele é espírito apenas para o espírito em sua comunidade, ou seja, Deus *é* apenas na referência espiritual da comunidade — ele mesmo é aquela autorreferência do espírito que designa o espírito absoluto.

Ao rejeitar a unilateralidade tanto da concepção objetivista de Deus quanto da concepção puramente subjetiva da religião, o cristianismo, corretamente entendido, é para Hegel uma autorreferência na qual o espírito *humano* (Hegel não conhece outro) se torna objetivo e apreende a si mesmo no meio da representação. A religião enquanto consciência de Deus é aqui seu próprio objeto, e aliás no duplo sentido do genitivo, enquanto *genitivus subjectivus* e *genitivus objectivus*: A consciência é consciência *de* Deus enquanto objeto, mas ao mesmo tempo a consciência *de Deus* sobre si; ambas são idênticas e inseparáveis uma da outra, i.e., a consciência de Deus enquanto objeto, que é *nossa* consciência, é ao mesmo tempo a autoconsciência de Deus — e Deus nada mais é do que essa autorreferência espiritual "em sua comunidade"[22], i.e., na autorreferência do espírito humano, que tem a si

---

20. Georg Wilhelm Friedrich Hegel: *Enzyklopädie der philosophischen Wissenschaften im Grundrisse* (1830). In: GW 20, p. 542, § 554.

21. Georg Wilhelm Friedrich Hegel: *Vorlesungen über die Philosophie der Religion*. Teil 1. *Einleitung. Der Begriff der Religion*, hrsg. v. Walter Jaeschke, Hamburg 1983, p. 73f.

22. No original: „in seiner Gemeinde" (N. da T.).

mesmo como objeto. Aqui está toda transcendência no sentido de um além, cristologicamente fundada em que Deus se tronou ser humano em Cristo. Páscoa e Pentecostes — que, segundo Michael Theunissen, estão contaminados em Hegel[23] — testemunham então que isso não depende da presença sensível de Cristo, mas vale em geral para a referência do espiritual, que tem seu ponto de partida cristão no derramamento do Espírito na comunidade.

Em seu manuscrito que acompanha as *Lições sobre as Provas da Existência de Deus* (que, segundo Hegel, pertencem à *Lógica* e não à Filosofia da Religião), Hegel expôs literalmente a complexa unidade do finito e do infinito, dos seres humanos e de Deus, do seguinte modo:

> O objeto, a comunhão[24] de Deus e do ser humano um com o outro é uma comunhão do espírito com o espírito [...]. [O fato de] Que o ser humano sabe de Deus é, de acordo com a comunidade essencial, um saber comunitário — i. e., o ser humano só sabe de Deus na medida em que Deus sabe de si mesmo no ser humano, esse saber é autoconsciência de Deus, mas [é] igualmente um saber sobre o mesmo do ser humano, e esse saber de Deus sobre o ser humano é o saber do ser humano sobre Deus. O espírito do ser humano, para saber de Deus, é apenas o espírito do próprio Deus.[25]

A leve vertigem que pode afligir leitoras e leitores desta passagem deve-se provavelmente ao fato de que Hegel entra nas fórmulas tradicionais, originalmente destinadas a um contraste entre Deus e o ser humano, enquanto momentos da complexa autorreferência religiosa do espírito humano, na qual esta tradição submergiu[26], no duplo sentido hegeliano. Expressões religiosas conhecidas aparecem ainda em um contexto que não pode ou não quer mais afirmar seu significado original. De fato, nessa estrutura de autorreferência

23. Michael Theunissen: *Hegels Lehre vom absoluten Geist als theologisch-politischer Traktat*, Berlin, 1970, p. 282.

24. O termo original "*Gemeinschaft*", normalmente traduzido por "comunidade", foi aqui intencionalmente traduzido por "comunhão" para ressaltar seu sentido religioso. (N. da T.)

25. GW 18, p. 302.

26. No original: „zugrunde gegangen ist". (N. da. T.)

espiritual, Deus e o ser humano tornaram-se intercambiáveis. Feuerbach percebeu e criticou isso como anfibolia. Para Heinrich Heine, entretanto, a mensagem de Hegel era, ao contrário, inequívoca para aqueles que sabiam ouvi-la. Ele teria, como ele mesmo relata, "ficado atrás do mestre [Hegel]" quando ele compôs a melodia do ateísmo, "embora com sinais muito confusos e rebuscados, de modo que nem todos os decifraram — às vezes eu via como ele olhava em volta ansiosamente, com medo de ser compreendido".[27]

A *Fenomenologia do Espírito* já chega à expressão de que Deus só pode ser localizado na consciência humana. O espírito universal só chega à consciência de si mesmo pelo fato de que os indivíduos humanos particulares se apropriam conscientemente dos resultados de seu trabalho. Isso significa, como enfatiza Hegel, "exatamente que o espírito universal ou a substância se dá sua autoconsciência".[28] Deus tem consciência e autoconsciência apenas na consciência do ser humano. Se o espírito do ser humano, para saber de Deus, é ao mesmo tempo o espírito do próprio Deus e, como enfatiza Hegel, "igualmente" um saber de Deus sobre o ser humano, então a referência religiosa é, no fundo, uma autorreferência do ser humano. Críticos reacionários de Hegel, como Heinrich Leo, também reconheceram corretamente essa consequência. O partido dos hegelianos, segundo o seu polêmico texto *Os hegelianos: Arquivos e documentos para a chamada Denúncia da Verdade Eterna* (1838), "nega todo deus que é ao mesmo tempo uma pessoa. Ele entende Deus como um poder que não é dotado de sua própria autoconsciência, a qual atravessa todas as personalidades sem chegar à autoconsciência a não ser nas personalidades dos seres humanos".[29]

A característica do cristianismo enquanto religião consumada[30] e enquanto religião da liberdade está ligada à caracterização da religião como autoconsciência de Deus, mesmo quando esta é entendida, em última

---

27. Georg Niocolin (Org.): *Hegel in Berichten seiner Zeitgenossen,* Hamburg, 1970, p. 234f.

28. GW 9, p. 25.

29. Heinrich Leo: *Die Hegelingen. Actenstücke und Belege zu der s.g. Denunciation der ewigen Wahrheit,* Halle 1838, p. 2f.

30. No original: „vollendete Religion" (N. da T.).

instância, como autoconsciência humana. Ela é consumada porque a religião — a consciência de Deus — é aqui seu próprio objeto, enquanto, segundo Hegel, todas as outras religiões permanecem presas na objetividade unilateral de Deus. A religiosidade enquanto subjetividade, defendida sobretudo por Schleiermacher, é, por outro lado, para Hegel, um fenômeno do "nosso tempo", da era moderna desenvolvida no início do século XIX, cujo significado consiste em superar o objetivismo da consciência de Deus, ainda que unilateralmente.[31] Ao mesmo tempo, porém, a superação desse objetivismo significa também que a autorreferência do espírito em geral — i. e., não apenas a do espírito subjetivo, finito — constitui a essência do cristianismo. Isso nada mais é do que a estrutura formal da liberdade: "liberdade é, abstratamente [tomada], a relação com um objetivo não enquanto algo estranho".[32] Ela visa, portanto, a superação de todo estranhamento, na realidade efetiva, na medida em que ele pode ser realmente extinto, e quando não realmente, pelo menos na consciência reconciliadora. "A reconciliação é assim a liberdade, não algo em repouso, mas sim atividade, o movimento para fazer desaparecer o estranhamento".[33] Aqui reside a relação do princípio cristão ou do espiritual da comunidade religiosa (*Gemeinde*) com a realidade efetiva em geral, incluindo a mundanidade: "o reino de Deus, a comunidade religiosa tem assim uma referência ao mundano. [...] Para esta mundanidade os princípios se encontram naquele espiritual. Para o mundano, o princípio, a verdade é o espiritual".[34] No entanto, esse processo significa também uma "transformação da comunidade"; sua reconciliação com o mundo realiza-se finalmente, de tal modo que a contradição entre o espiritual e o mundano "se dissolve na eticidade, [na medida em] que o princípio da liberdade é penetrado no próprio mundano, e que o mundano, na medida em que é

---

31. Georg Wilhelm Friedrich Hegel: *Vorlesungen über die Philosophie der Religion*, Parte 3. *Die vollendete Religion*, ed. de Walter Jaeschke, Hamburg 1984, p. 101.

32. Ibid., p. 106.

33. Ibid., p. 107.

34. Ibid., p. 262.

formado de acordo com o conceito, é a razão e a verdade eterna, a liberdade que se tornou concreta, a vontade racional."[35]

Mas essa liberdade concretizada como vontade racional tem que ser apreendida também como tal. Isso acontece na filosofia, que traz para o conceito aquilo que a religião cristã consumada tem como princípio e se expressa por meio da imaginação. Hegel identifica a trindade como a ideia central, o Deus trinitário, no qual a diferença é dada, mas ao mesmo tempo suspensa em uma autorreferência, enquanto corresponde à estrutura formal da liberdade. Sua suspensão filosófica experimenta essa representação — tal como uma "imagem dialética" — na qual se apreende a si mesma como conceito — a ideia absoluta enquanto método absoluto na *Ciência da Lógica*. Mas este é também um longo caminho de autocompreensão da modernidade promulgada historicamente. No início deste caminho está a Reforma, por meio da qual, segundo Hegel, que era luterano da cabeça aos pés, as estruturas autoritárias da velha igreja cristã foram abaladas e o princípio da liberdade enquanto liberdade dos cristãos foi conscientemente colocado no ponto central. Para Hegel, a Reforma — juntamente com a Revolução Francesa — é o acontecimento histórico mundial da modernidade, mas é, ao mesmo tempo, um ponto de virada não apenas na história da religião, mas sobretudo também na história da filosofia. O texto de Lutero *Sobre a liberdade de um cristão* situa-se no início da modernidade. Segundo as *Lições sobre a história da filosofia*, "este é, portanto, o grande princípio de que toda exterioridade desaparece no ponto da referência absoluta a Deus. Por meio dele desaparecem todo estranhamento de si mesmo, a dependência e a servidão."[36]

35. Ibid., p. 264.

36. Georg Wilhelm Friedrich Hegel: *Vorlesungen über die Geschichte der Philosophie*, Parte 4. *Philosophie des Mittelalters und der neueren Zeit*, Ed. Pierre Garniron e Walter Jaeschke, Hamburg, 1986, p. 64.

Reino de Deus na Terra

Diferentemente de Feuerbach, que busca o esclarecimento sobre a consciência religiosa como crítica à ideologia a fim de libertar os seres humanos das ilusões, Hegel dá um passo além ao colocar a própria religião em uma referência com o mundano, concebendo assim as representações religiosas, em parte, como expressão de referências mundanas, mas também, ao mesmo tempo, como ideal de liberdade que tem que ser realizado de modo mundano. A religião tem, portanto, um duplo caráter, que foi determinado pela primeira vez de modo mais preciso no *Terceiro Esboço de Sistema de Jena* (1806/07). Neste a religião recebe seu lugar sistemático no "espírito que se sabe como espírito absoluto"[37] nas figuras "arte, religião e ciência", i. e., filosofia.[38] A religião é a arte em "sua verdade",[39] mas permanece contraditória em si mesma, porque está presa ao meio da representação: "A religião [...] é o espírito representado, o si que não reúne sua consciência pura e sua (consciência) efetiva e para o qual o conteúdo daquela se confronta nesta enquanto um outro."[40] Nessa inversão, os "reinos da efetividade e do céu" divergem de tal modo, que o espírito só é reconciliado no "além", mas "não em seu *presente*".[41] A fuga para o além ocorre quando o espírito permanece irreconciliado e insatisfeito na efetividade do presente: "ele é abalado pela guerra e pela carência [...] e *foge da existência para o pensamento*, mas é *um anseio do céu e um anseio igualmente* pela *Terra*."[42]

O que Hegel escreve aqui corresponde ao que Karl Marx dirá quase quarenta anos mais tarde, em 1844, no ensaio *Sobre a crítica da filosofia do direito de Hegel* (*Zur Kritik der Hegelschen Rechtsphilosophie*) nos Anuários

37. GW 8, p. 265.
38. Ibid., p. 277.
39. Ibid., p. 279.
40. Ibid., p. 282.
41. Ibid., p. 281.
42. Ibid., p. 281f.

franco-alemães (*Deutsch-Französischen Jahrbüchern*): "A miséria religiosa é tanto uma expressão da miséria efetiva quanto um protesto contra a miséria efetiva. A religião é o suspiro da criatura aflita, o ânimo de um mundo sem coração, assim como o espírito de condições sem espírito. Ela é o *ópio* do povo".[43] Como Marx e diferentemente de Feuerbach, Hegel reúne a crítica à religião e a crítica à realidade político-social. Na consciência efetiva, de acordo com o *Terceiro Esboço de Sistema de Jena*, a religião toca a realidade e se mostra como imaginação: "O céu escapa à religião na consciência efetiva — o ser humano decai sobre a Terra — e só encontra o religioso dentro dela, na imaginação".[44] A imaginação (*Einbildung*) deve ser aqui entendida no sentido da faculdade da imaginação (*Einbildungskraft*), pois Hegel se refere novamente ao representar como meio da consciência religiosa: Esta é "o espírito que apenas se representa"[45], cujos momentos tem "a forma da imediatidade" e, portanto, não são mediados nem entre si nem com a realidade: "O conteúdo da religião é certamente verdadeiro, mas este ser-verdadeiro é um asseguramento — sem discernimento".[46]

Com o saber filosófico, perspectiva mediada conceitualmente, não se altera a constituição da própria realidade, mas, antes de mais nada, ela se torna conceituável, o que para Hegel também sempre significa criticável em seu respectivo modo de assim-ser (*So-Sein*).[47] No *Esboço de Sistema de Jena*, Hegel se refere à doutrina-dos-dois-reinos: O ser humano viveria em dois mundos, o da realidade e o da eternidade, mas "*este eterno tem sua existência no espírito do povo* — ele é *o espírito, que é exatamente apenas espírito* [...] segundo a essência do mesmo".[48] O eterno enquanto autorreferência do espírito é portanto deste mundo, a saber, espírito humano. Onde isso é mal interpretado, o eterno se transforma em uma abstração em oposição

43. Ibid.

44. Ibid., p. 285.

45. No original: „der sich nur vorstellende Geist". (N. da T.)

46. Ibid., p. 286.

47. Cf. Andreas Arndt: „Begreifen als Kritik. Anmerkungen zu Hegel und Marx", in: *Hegel-Studien* 53/54, Hamburg, 2020, pp. 209-224.

48. GW 8, p. 284.

ao mundo: "O *fanatismo* da igreja é — *querer introduzir o eterno, o reino dos céus enquanto tal na Terra, ou seja, contra a efetividade do Estado*". Mas, na verdade, "*a efetividade do reino dos céus é o Estado*".[49] Porém, no mundano, esta efetividade só haveria de ser encontrada lá onde igreja, religião e Estado estariam reconciliados: "Se eles são irreconciliados — então o Estado e a igreja são imperfeitos".[50] O reino dos céus ou o reino de Deus na Terra é o Estado racional que possibilita a existência em liberdade. O rebaixamento do eterno à efetividade da razão no aquém preenche tanto o anseio pelo céu quanto o anseio pela Terra.

A posição alcançada em 1806/07 permanece decisiva também para o Hegel berlinense, independentemente das diferenciações no conceito de espírito. Lembro mais uma vez das explicações na *Lição sobre a Filosofia da Religião* de 1827, que dizem que "O reino de Deus, a comunidade tem [...] uma relação com o mundano [...] Para esta mundanidade, os princípios estão presentes naquele espiritual. O princípio, a verdade para o mundano é o espiritual."[51]

Nos parágrafos finais das *Linhas fundamentais da filosofia do direito*, Hegel finalmente delineia o percurso da era moderna como o de um mundo de absoluta oposição entre o espiritual e o terreno. Na "dura batalha dessas diferenças", esta oposição finalmente desaparece, na medida em que, nas palavras de Hegel, "o espiritual degrada a existência de seu céu para este aquém terreno e para a mundanidade comum, na efetividade e na representação — o mundano, ao contrário, desenvolve seu ser-para-si abstrato até o pensamento e até o princípio do ser e do saber racionais, até a racionalidade do direito e da lei".[52] É importante observar que se trata aqui não de uma das "explicações" que os alunos de Hegel adicionaram postumamente ao seu texto, mas sim das próprias palavras de Hegel tal

49. Ibid.

50. Ibid.

51. Georg Wilhelm Friedrich Hegel: *Vorlesungen über die Philosophie der Religion*. Parte 3. *Die vollendete Religion*. Ed. Walter Jaeschke, Hamburg, 1984, p. 262.

52. GW 14, 1, p. 281, § 360.

como ele mesmo mandou imprimir. O Estado racional — segundo Hegel, o "percurso de Deus no mundo"[53] — é a realização do céu representado como um além no aquém terreno e, com isso, a reconciliação da consciência da modernidade cindida em si.

Em relação a Feuerbach, resta dizer o seguinte: Diferentemente de Feuerbach, Hegel não apresenta uma mera crítica à religião enquanto uma falsa consciência, mas sim sua suspensão na forma conceitual da filosofia. É verdade que, ao fazer isso, ele atribui verdade à religião, pois, caso contrário, ela não se deixaria suspender, porém, essa verdade não é pensada no sentido religioso. Deste modo, o conceito de religião de Hegel inclui a perspectiva feuerbachiana de crítica à ideologia, aí onde a consciência religiosa se fixa nas representações e as imaginações são dirigidas contra a efetividade. Por outro lado, porém — e desta perspectiva carece Feuerbach — a oposição entre o espiritual e o mundano é, para Hegel, sempre também um indício de deformações na realidade sociopolítica, que precisam ser mudadas para finalmente realizar o reino de Deus — ainda que também em oposição às representações religiosas em uma figura despotencializada — no mundano.

Trad. Márcia Gonçalves

Referências bibliográficas

Arndt, Andreas: Feuerbach und der Bruch in der Philosophie des 19. Jahrhunderts. *Humanismus aktuell* 9 (2005), Heft 16.

Arndt, Andreas: „Krise und Prinzip. Die Logik des Übergangs zur Philosophie der Zukunft in Ludwig Feuerbachs Konzeption der Philosophiegeschichte". In: Jaeschke, Walter / Tomasoni. Francesco (Hrsg.): *Ludwig Feuerbach und die Geschichte der Philosophie*. Akademie Verlag: Berlin, 1998.

53. Georg Wilhelm Friedrich Hegel: *Grundlinien der Philosophie des Rechts*, ed. Hermann Klenner, Berlin, 1981, p. 284, § 258, Adendo. Cf. Georg Wilhelm Friedrich Hegel: *Vorlesungen über die Philosophie des Rechts*, GW 26, 3, p. 1406 (Nachschrift Griesheim 1824/25).

Arndt, Andreas: Begreifen als Kritik. Anmerkungen zu Hegel und Marx. *Hegel-Studien* 53/54, Hamburg, 2020, pp. 209-224.

Bauer, Bruno: „Die Posaune des jüngsten Gerichts über Hegel, den Atheisten und Antichristen. Ein Ultimatum (1841)". In: Heinz Pepperle; Ingrid Pepperle (Hrsg.): *Die Hegelsche Linke. Dokumente zu Philosophie und Politik im deutschen Vormärz*. Reclam: Leipzig, 1985.

Braun, Hans-Jörg; Sass, Hans-Martin (Hrsg.): *Ludwig Feuerbach und die Philosophie der Zukunft*. Akademie Verlag: Berlin, 1990.

Feuerbach, Ludwig: *Gesammelte Werke*. Hrsg. Werner Schuffenhauer: Berlin, 1964ff.

Hegel, Georg Wilhelm Friedrich: *Gesammelte Werke*. Felix Meiner: Hamburg, 1968ff.

Hegel, Georg Wilhelm Friedrich: *Enzyklopädie der philosophischen Wissenschaften im Grundrisse* (1830). Gesammelte Werke (GW), Bd. 20. Felix Meiner: Hamburg, 1992.

Hegel, Georg Wilhelm Friedrich: *Vorlesungen über die Philosophie der Religion*. Hrsg. von Walter Jaeschke. Felix Meiner: Hamburg, 1983ff.

Hegel, Georg Wilhelm Friedrich: *Vorlesungen über die Philosophie der Religion*. Teil 3. *Die vollendete Religion*. Hrsg. von Walter Jaeschke. Felix Meiner: Hamburg, 1984.

Hegel, Georg Wilhelm Friedrich: *Vorlesungen über die Geschichte der Philosophie*, Teil 4. *Philosophie des Mittelalters und der neueren Zeit*. Hrsg. von Garniron, Pierre und Jaeschke, Walter. Felix Meiner: Hamburg, 1986.

Jaeschke, Walter: „Wer fürchtet sich vorm absoluten Geist?". In: Feger, Hans; Dell'Eva, Gloria (Hrsg.): *Die Philosophie des deutschen Idealismus*. Königshausen & Neumann: Würzburg, 2016, pp. 263-285.

Jaeschke, Walter: *Vernunft in der Religion. Studien zur Grundlegung der Religionsphilosophie Hegels*. Frommann-Holzboog: Stuttgart-Bad Cannstatt, 1986.

Klauser, Veronika: *Zur Rekonstruktion des Verstandesbegriffs in der Philosophie Hegels*. Hegel-Jahrbuch Sonderband, Bd 16, Dunker & Humblot: Berlin, 2023.

Leo, Heinrich: *Die Hegelingen. Actenstücke und Belege zu der s. g. Denunciation der ewigen Wahrheit*. Eduard Anton: Halle, 1838.

Theunissen, Michael: *Hegels Lehre vom absoluten Geist als theologisch-politischer Traktat*. De Gruyter: Berlin, 1970.

Sobre os Autores

Andreas Arndt foi professor de Filosofia na Faculdade Teológica da *Humboldt-Universität* de Berlim até sua aposentadoria e atualmente é professor visitante na Universidade Técnica da Georgia. Estudou Filosofia e Germanística em Freiburg e Bochum (1968-1974) e doutorou-se em 1977 na Universidade de Bielfeld. Em 1987 defendeu sua tese de habilitação na *Freie Universität Berlin,* onde também atuou como docente. Entre 1992 e 2016 presidiu o conselho consultivo da *Sociedade-Hegel Internacional* (*Internationalen Hegel-Gesellschaft*), do qual é atualmente presidente de honra. Ele também é membro do conselho científico da *Fundação Internacional Marx-Engels* (*Internationalen Marx-Engels-Stiftung*), onde participa da edição de suas obras. É autor de vários livros sobre filosofia clássica alemã, destacando-se os mais recentes *Geschichte und Freiheitsbewusstsein. Zur Dialektik der Freiheit bei Hegel und Marx,* de 2015, (sobre a dialética da liberdade em Hegel), *Freiheit,* de 2019 (sobre o conceito de liberdade) e *Die Sache der Logik. Begriff und Realität bei Hegel,* de 2023 (sobtre a lógica de Hegel).

Anne Becker é doutoranda de filosofia na *Humboldt-Universität* de Berlim com uma pesquisa sobre o conceito de limite (*Grenze*) na *Ciência da Lógica* de Hegel, sob orientação do Prof. Dr. Andreas Arndt, além de trabalhar como professora de filosofia e política em uma escola secundária em Berlim. Ela é mestre em Filosofia pela mesma universidade com a dissertação "*Hegels Kritik an Kants Grenzbegriff*" (sobre a crítica de Hegel ao conceito kantiano de limite). Ela estudou filosofia e ciência política na *Leibniz Universität Hannover,* concluindo com o trabalho "*Kant und die Wirklichkeit der Vernunft*" (sobre o conceito de razão em Kant). É autora de vários trabalhos sobre filosofia clássica alemã, lógica, filosofia da religião e filosofia moral e política.

Christoph Asmuth é professor de filosofia e reitor da *Augustana-Hochschule Neuendettelsau*. Ele concluiu seu mestrado em filosofia na *Ruhr-Universität Bochum* em 1992 e seu doutorado em filosofia na mesma Universidade em 1997 com a tese *Das Begreifen des Unbegreiflichen. Philosophie und Religion bei Johann Gottlieb Fichte. 1800-1806* (sobre a filosofia e religião em Fichte), sob a orientação do Prof. Dr. Burkhard Mojsisch. Entre 1997 e 1998 e entre 2006 e 2008 foi bolsista da *Deutsche Forschungsgemeinschaft* e entre 1998 e 2004 foi *Wissenschaftlicher Assistent* (Assistente Científico) no Instituto de Filosofia da *Thechnische Universität Berlin* (*TU- Berlin*), onde defendeu, em 2003, sua tese de habilitação intitulada *Interpretation — Transformation. Das Platonbild bei Fichte, Schelling, Hegel, Schleiermacher und Schopenhauer und das Legitimationsproblem der Philosophiegeschichte* (sobre a influência de Platão na filósofia clássica alemã). Atuou ainda como professor visitante na *LMU München*, na *Universität Basel*, na *TU-Berlin* e na UERJ. Em 2019 recebeu o título de *Doutor Honoris Causa* da Universidade Nacional Pedagógica de Charkiw, na Ucrânia. É autor de diversos livros, capítulos e artigos sobre Kant, Fichte, Schelling e Hegel.

Christoph Binkelmann é editor das obras de Schelling junto à *Bayerischen Akademie der Wissenschaften*, em Munique e, desde 2023, é presidente da *Sociedade Internacional Schelling* (*Internationalen Schelling-Gesellschaft*). De 1995 a 1998 estudou Filosofia, Latim e Matemática na *Rheinischen Friedrich-Wilhelms-Universität*, em Bonn, e entre 1995 e 1998 cursou o mestrado em Filosofia, Matemática e Filologia Clássica na *Ruprecht-Karls-Universität*, em Heidelberg. Em 2006, defendeu sua tese de doutorado em Filosofia intitulada *Theorie der praktischen Freiheit. Fichte — Hegel* (Berlin/New York: De Gruyter, 2007) (sobre o conceito de liberdade em Fichte e Hegel), sob orientação de Rüdiger Bubner (em Heidelberg) e Jean-Louis Viellard-Baron (em Poitiers).

Em 2021, concluiu sua tese de habilitação em Filosofia na *Albert-Ludwigs-Universität Freiburg*, intitulada *Wissen des Nicht-Wissens. Tendenzen des kritischen Skeptizismus* (Stuttgart-Bad Cannstatt, 2021) (sobre o ceticismo crítico). É autor de diversos artigos, capítulos e organizador de várias coletâneas sobre filosofia clássica alemã.

Edgar Marques é Professor Titular de Filosofia da UERJ, bolsista de produtividade em Pesquisa do CNPq e editor da revista Analytica desde agosto de 2007. É Doutor em Filosofia pela *Universität Konstanz* (1990-1995), com a tese *Wittgenstein und die Möglichkeit eines kategorialen Diskurses* (sobre a filosofia da linguagem de Wittgenstein), sob orientação do Prof. Gottfried Gabriel. Tem Mestrado em Filosofia pela UFRJ (1987-1989), com a dissertação "*Sobre o estatuto das proposições tractarianas*", sob orientação do Prof. Raul Landim, e Graduação em Filosofia pela UFRJ (1982-1985). Realizou pesquisas de Pós-Doutorado (2016-2017) na TU-Berlin e na Ludwig-Maximilians-Universität München (2013-2017 e 1999-2000). É autor do livro *Ludwig Wittgenstein e o Tratactus Logico-Philosophicus* (Zahar, 2005) e de vários capítulos e artigos sobre Filosofia da Linguagem, Wittgenstein e Leibniz.

Fábio Nolasco é Professor de Epistemologia da UnB-DF, desde 2019. Doutorou-se em Filosofia pela UNICAMP (2010-2015) com a tese *A suspensão qualitativa da quantidade: a crítica de Hegel ao paradigma matemático da ciência moderna*, sob orientação de Marcos Müller, com período sanduíche em *Technische Universität Berlin*, sob coorientação de Christoph Asmuth, que supervisionou também por um semestre sua pesquisa de pós-doutorado, realizada no IFCH da UNICAMP entre 2016 e 2018, com supervisão de Marcos Müller. Tem mestrado em Filosofia pela UNICAMP (2008-2010), com uma dissertação sobre Descartes e Leibniz, sob orientação do Prof. Enéias Forlin, e Graduação em Filosofia (2004-2007) na mesma universidade. É tradutor e autor de vários artigos sobre a filosofia clássica alemã.

Márcia Gonçalves é Professora Titular de Filosofia da UERJ, onde leciona desde 1999, pesquisadora do PROCIENCIA e bolsista de produtividade científica do CNPq (2003-2023). Doutorou-se em Filosofia pela *Freie Universität Berlin* (1991-1996), com a tese "*Von Helden, Göttern und von Schicksal. Mythos und dichtkunsttheoretische Dimensionen der Ästhetik Hegels*" (sobre a Filosofia da Arte de Hegel), sob orientação de Walter Jaeschke. É Mestre em Filosofia pela Universidade Federal do Rio de Janeiro (1987-1991), com dissertação sobre os Escritos de Juventude de Hegel, sob orientação de Luiz Bicca. Licenciou-se em Filosofia pela UERJ entre 1982 e 1985. Realizou pesquisas de Pos-Doc na Universidade de Freiburg, de 04/2008 a 02/2009, e na Universidade Técnica de Berlim (*TU-Berlin*), de 08/2014 a 08/2015, onde também lecionou por um semestre como professora visitante. É membro-fundadora da Sociedade Hegel Brasileira, que presidiu de 2010 a 2014. Desde 2019 coordena o Projeto de Pesquisa PROBRAL O Infinito (*Das Unendliche*), juntamente com Christoph Asmuth. É membro do conselho consultivo da Sociedade Schelling Internacional (*Internationalen Schelling-Gesellschaft*) e tradutora das obras de Schelling *Aforismos sobre Filosofia da Natureza* (Loyola, PUC-Rio, 2010) e *Da Alma do Mundo* (EdUSP, no prelo). É autora dos livros *O Belo e o Destino: Uma introdução à Filosofia de Hegel* (Loyola, 2001) e *Filosofia da Natureza* (Zahar, 2006) e de vários capítulos e artigos sobre filosofia clássica alemã.

Marcos Gleizer é Professor Titular do Departamento de Filosofia da Universidade Estadual do Rio de Janeiro (UERJ) e pesquisador 1B do CNPq. É Doutor em Filosofia pela *Université Paris-Sorbonne* (PARIS 4), onde defendeu em 1992 a tese *Vérité et Certitude chez Spinoza*, sob orientação de Jean-Marie Beyssade, e Mestre em Filosofia pela UERJ, com uma dissertação sobre a Ética de Espinosa, sob orientação do Prof. Roberto Machado. Graduou-se em Filosofia pela UFRJ

(1982-1986). Suas pesquisas concentram-se na área de Filosofia Moderna, com ênfase em temas de epistemologia e metafísica em Descartes e Espinosa. É autor dos livros *Verdade e Certeza em Espinosa; Espinosa e a Afetividade Humana; Metafísica e Conhecimento: Ensaios sobre Descartes e Espinosa* e *Lições Introdutórias à Ética de Espinosa*, bem como de vários artigos e capítulos de livros em sua área de especialização.

Yady Oren é pesquisador na Escola de Estudos Judaicos da Universidade de Potsdam, na Alemanha desde outubro de 2023. Tem doutorado em Filosofia pela Universidade Bar-Ilan, em Tel Aviv, com uma tese sobre "Plotino e Fichte: Autoconsciência e o Absoluto". É mestre em Filosofia pela mesma Universidade, com uma dissertação sobre a *Doutrina da Ciência* de Fichte de 1794, e bacharel em Filosofia e Psicologia pela *Open University of Israel*. Também realizou pesquisas de pós-doutorado no Centro Rosenzweig em Jerusalém, na *Augustana-Hochschule Neuendettelsau*, sob a supervisão do Prof. Dr. Christoph Asmuth, e na KU Leuven. Publicou diversos artigos sobre Plotino, Kant, Maimon, Fichte, Hegel, Cohen e Kook.

Este livro foi composto com tipografia
Adobe Jenson Pro e impresso em papel
Pólen Bold 90g/m^2 na primavera de 2023.